読むだけであなたの仕事が変わる

「強い文章力」養成講座

EFFECTIVE WRITING SKILLS - A TRAINING COURSE

川上徹也

ダイヤモンド社

この本には、「主語と述語」「接続詞」
「てにをは」「ら抜き言葉」
などの項目は一切でてきません。
そのような知識がほしい方は、
書店の同じ棚にある、
別の文章術の本の方が向いています。

本書は、「正しい文章力」ではなく
「強い文章力」 に特化した
内容になっていますので、
中を確認してからお買い求めください。

はじめに

> あなたの仕事
> すべて思い通りに進んでますか？

　思い通りに進んでいるのなら問題ありません。
　でももし、何か少しでも思い通りに進んでいないことがあるのなら、「はじめに」だけでも読んでみてください。

　そもそも、仕事が前に進むかどうかは、何によって決まるのでしょう？
　多くの仕事は自分ひとりでは前に進みません。
「あなたが働きかける社内外の相手がどれだけ本気になって動いてくれるか」によって決まるのです。
　こんな情景を頭に思い浮かべてみてください。

> あなたが書いた社内提案書を読んだ上司が「ぜひこの企画実現させたいね。社長を説得してみるから」と本気で言ってくれる。

> あなたが書いたプレスリリースを読んだ新聞記者が本気に記事にしたいと思い、メディアに大きく取り上げられ、商品が話題になっていく。

> あなたが書いた店頭POPのキャッチコピーによって、お客さんの買物欲に火がつき、どんどん売れていく。

> あなたが書いたFacebookの記事に瞬く間に「いいね!」がつきシェアされて拡散されていく。

こんな風な出来事が実際に起これば、あなたの仕事はきっと思い通りに前に進んでいくでしょう。

もちろん、純粋なビジネスだけに限りません。

NPOのような社会貢献のためのプロジェクトやボランティア活動などであっても同じです。

仕事を前に進めるには、相手を本気にさせる必要があります。**そうしないと「人」も「お金」も集まってこないのです。**

相手を本気にさせる最大の武器は「言葉」であり、「文章」である

ビジネスやプロジェクトを動かすエネルギーの中心には、いつも「言葉」や「文章」があります。

相手の心をつかんで動かし、本気にさせるための一番有効な道具が「言葉」であり、それを書くという形で表したのが「文章」だからです。

会社や団体のイメージは、ウェブサイト、会社案内、広報、広告などで発信する「言葉」によって、大きく違ってきます。

経営者が社員に示す「言葉」ひとつで、会社の業績や社員のモチベーションは劇的に変わります。

そして、ビジネスメール、企画書、プレゼン資料、提案書、プレ

スリリース、社内プロジェクト、社内報、DM、ソーシャルメディア……。あなたが発信する「文章」こそが、あなたの仕事の成否を決めてしまうのです。

「徹夜で書いた企画書なのにほとんど読んでもらえなかった」
「全社プロジェクトなのに社員が積極的に参加しない」
「詳しく説明したのに発注先が思い通りの案を出してくれない」
「プレスリリースを送ってもまったく反応がない」

　もし、このような残念な結果がうまれているとしたら、あなたの「言葉」「文章」は相手の心を動かし、本気にさせることができていないということ。

　つまり、あなたの文章は「弱い」ということです。

コスト０で、大きなリターン

「強い文章力＝相手の心を動かす文章を書く能力」は、一度身につければ一生使えます。自分で書ければコストもかかりません。まさに「一生もののスキル」なのです。

　にもかかわらず、ビジネスにおいてもっとも大切な「言葉の使い方」「強い文章の書き方」は学校でも会社でも教えてはくれません。

　ビジネスにおける文章を指南する本はたくさん出ています。正しい文章の書き方、正しく伝える方法を教わりたいのであれば、役立つ本ばかりです。

　しかし残念ながら現実は、

「伝わる」だけでは人は動かない

　のです。

いくら正しい文章で、明確に伝わったとしても、それで相手が動くとは限りません。いや、むしろ動かないことの方が多いくらいでしょう。
　たとえば、お母さんが子供に言う定番のセリフ。
「勉強しなさい」

　内容は、一般的には正しく、子供には明確に伝わっているはずです。でもその言葉を聞いて「本気で勉強しよう」と思う子供はどれだけいるでしょうか？
　むしろ、本人の勉強をしようとする気持ちを削ぎ、長い目でみれば勉強嫌いになってしまうのです。
　いくら伝わる文章を書いても、相手が動かなければ成果はうまれません。何も伝えないのと一緒。「正しくても弱い文章」は現実にはむしろ逆効果のことも。
　そう、あなたに一番必要なのは「強い文章力」なのです。

自分に関係ない情報は1秒でスルーされてしまう

　インターネットが一般に普及して約20年になります。
　世の中に流れる情報は年々飛躍的に増えてきています。よほど意識的に遮断しないと、頭の中に膨大な情報がどんどん進入してくるでしょう。
　そんな中、人はその情報が必要かどうかを判断するスピードを早めています。ある意味、みんなこらえ性がなくなっているのです。
　あなたも経験があるはずです。
　録画したテレビ番組を倍速で見る。テレビＣＭはスキップする。WEBで気になった記事を読もうと思っても、表示が遅いからとイライラして途中でやめてしまう。

同じような状況が、ビジネスでもあらゆる場面で起こっているのです。

自分にとって必要な情報かどうかを1秒で判断して、必要ないと判断したものはあっという間にスルーされます。

教科書的では動かない！「偏差値50の文章」ではゴミ箱行き

私は元々広告代理店に勤めていました。今でも広告代理店の営業の方と一緒に仕事をすることがあります。

自分が関わる案件の打ち合わせが終わり、彼ら（広告代理店の営業）が、得意先に何か別の企画を提案する場面に同席して、隣で観察しているという状況も時々あります。

愕然とするのは、彼らが何時間もかけて作ったであろう分厚い「企画提案書」が得意先の誰にも真剣に読まれていないことが多いということです。

先日もこんな場面に遭遇しました。

広告代理店の営業が得意先に企画を説明している最中のこと。

得意先のある方は、全体をパラパラと最後までめくるとスマホをいじりはじめました。

またある方は、一応話にあわせてページをめくっていますが、ずっとノートパソコンに何か打ち込んでいます。画面は見えませんが、目線の動きからおそらくこの案件に関したことではなく、別の仕事をしているように見えました。

その時の企画提案書が決して中身がなかった訳ではありません。

では何が問題だったのでしょう？

それは、退屈だったのです。弱かったのです。

何がでしょうか？

タイトルや見出しが、です。

彼らが得意先に渡す企画提案書の多くは、パワーポイントで図表

を交えて美しく整理されています。よく読めば、もっともなことが書かれています。教科書的には正しいのです。

でも、現実ではタイトルや見出しだけを見て、説明を聞く価値があるかどうかを判断されてしまいます。価値がない、と思われると続きを真剣に読んでくれないし、説明も聞いてくれません。当然、その案件を本気で実現させようなんて誰も思いません。「検討しましょう」という返事だけで、実質はゴミ箱行きなのです。

偏差値50の文章では、厳しい言い方をすれば、何も仕事をしていないのと同じなのです。

「残念な文章を書くあなた」を助けたい！ その思いで本書を書きました

私は、全国いろいろな場所で、「人の心を動かす強い文章の書き方」の講義をしています。参加してくれる方々は、会社の業種もいろいろですし、所属しているセクションも、

総務、営業、広報、経営管理、販売推進、人事、経理、商品開発、営業推進、企画開発、宣伝、マーケティング、事業、仕入調達

など様々です。

もちろん、参加してくれているのは会社員の方だけではありません。

NPOの代表や職員、ボランティアのスタッフ、大学・高校・専門学校の広報担当、塾の経営者、病院の広報担当、起業家、経営者、弁護士などの士業、ECサイトの責任者、主婦、編集者、ビジネス書著者

など様々な立場の方に参加してもらっています。

　講義では、彼ら彼女らに「考え方の基本」を理解してもらった上で、ちょっとしたハウツーをお伝えします。すると、見違えるように「言葉の選び方」がうまくなり「人を動かす強い文章力」を身につけていきます。そのような生徒さんを何百人と見てきました。

　せっかくいい企画やアイデアがあるのに、残念なタイトルや文章のせいで、仕事が思い通りに進んでいない……。

　そんなあなたの助けになりたい。
　そんな思いで本書を書くことにしました。

**　普通の文章講座と違うのは、「主語と述語」「接続詞」「てにをは」「らぬき言葉」のような項目は一切出てこないことです。**
　もちろん「正しい文章」は書けるに越したことはありません。
　あなたがプロの書き手になるのであればそれは必要最低限のスキルです。
　でもそうでないのであれば、「正しい」ことに気を使いすぎるのはプラスにはなりません。
　正しいことが人の心を動かす力にはならないからです。
　それよりもどうすれば、相手が本気になるような文章を書くことができるかに力を注いだ方がいい。
　間違ってはいないけれど力のない文章よりは、文法的に間違っていても誤字脱字だらけでも、力のある強い文章の方が何千倍も結果が残せます。

**　本書では「タイトル」「見出し」「キャッチコピー」など、最初のワンフレーズに特に重点を置いています。**
　もちろん文章の中身も大切ですが、まずは、タイトルや見出し、最初の数行目までで相手の心をつかまないと、中身まで読んでもら

えないからです。

　本書は、私がオンラインスクール schoo（スクー）で講義した内容をベースに、要素を大幅に追加し再構成したものです。
　オンラインスクールのいいところは、チャットを通してリアルタイムで、視聴者からの意見や疑問などが届くことです。
　本書もできる限り、そのようなインタラクティブ性を残しています。あなたも講義を受けているつもりで課題に取り組んでみてくださいね。
　それでは、講義を始めましょう。

CONTENTS 読むだけであなたの仕事が変わる 「強い文章力」養成講座

はじめに……2
目次……10

1限目

自分ごとにしてもらう 「何を伝えるか」を探し当てよう

- 1限目で学ぶこと……16

STEP 1　ペンを持つ前に、文章の目的を明確にする

文章を誰に向けて書くか？　どういう場面で書くか？　を理解する……17
誰もあなたの文章を読みたいと思っていない……19

STEP 2　3種類のWhat to sayを使いこなす

ファクト、メリット、ベネフィットを理解する……21
メリットとベネフィットの違いは、「自分ごと」にあり……24
ベネフィットには「ハッピー」がある……26
文章でいちばん大切なのは相手のハッピー……27

STEP 3　ベネフィットを見つけるために、相手の本音をさぐる

受け手の「本音」をつかむコツとは？……30
優秀な営業マンは一瞬でお客さんのインサイトを読み取る……31

- 1限目で学んだこと……34

2限目

相手をゆさぶる「どう伝えるか」の基本を習得しよう

● 2限目で学ぶこと……36

STEP 1　人を動かす強い文章を書くために必要なただ1つの大前提とは？

究極のカクテルパーティ効果〜「自分ごと」にしか人は反応しない……37
「文章の顔」を作る能力、『キャッチコピー力』をつける……39
「自分に関係ある」と思ってもらう方法……40

STEP 2　丸覚え！　「心をつかむ一行」のための基本3カ条　〜その1〜

見出し・タイトルの3つの基本……43
①パンチのある強い言葉を使う……44

STEP 3　丸覚え！　「心をつかむ一行」のための基本3カ条　〜その2〜

②相手の心にむりやりにでも「興味」をつくり出す……53

STEP 4　丸覚え！　「心をつかむ一行」のための基本3カ条　〜その3〜

③思わず口にしてしまうリズムや語呂を意識する……60

● 2限目で学んだこと……65

3限目

相手の心をつかむ「どう伝えるか」の型を使おう

- ● 3限目で学ぶこと……68

STEP 1　相手の心をつかむ型を丸覚えしてしまえ！　〜その1〜

人の心をつかむ5つの型とは？……69
①ターゲットをぐっと絞って呼びかける……70

STEP 2　相手の心をつかむ型を丸覚えしてしまえ！　〜その2〜

②問いかけて心の中で答えさせる……78

STEP 3　相手の心をつかむ型を丸覚えしてしまえ！　〜その3〜

③びしっと言い切る……83

STEP 4　相手の心をつかむ型を丸覚えしてしまえ！　〜その4〜

④具体的な数字を魅力的に入れる……88

STEP 5　相手の心をつかむ型を丸覚えしてしまえ！　〜その5〜

⑤心の底から真剣にお願いする……94

- ● 3限目で学んだこと……97

4限目

仕事は「言葉」で決まる
人を動かす「文章術講座」

● 4限目で学ぶこと……100

STEP 1 　読んだ人が動きたくなるビジネス文章術

仕事を前に進ませるための文章術……101

STEP 2 　相手を説得させる文章の書き方

アリストテレスの説得の3原則とは？……104
何を言ったかより、誰が言ったかの方が重要……107
なぜ、この「ビジネス文書」を取り上げるのか？……109

STEP 3 　あなたのビジネス人生を左右する
　　　　　メール文章術

普段メールと勝負メールを書き分ける……111
勝負メールも、ロゴス、パトス、エトス……112
普段メールで距離を縮める……117

STEP 4 　相手を本気にさせる企画書とは？

企画書はあなたのビジネスを切り拓く道具……119
企画書はタイトルが9割……121
企画書の序破急……125

STEP 5 　メディアが思わず取り上げたくなる
　　　　　プレスリリース

プレスリリースに不可欠な要素とは？……127
プレスリリースの構成……129

● 4限目で学んだこと……132

5限目

より深い共感を与える「ストーリー」を加えよう

● 5限目で学ぶこと……134

STEP 1　ストーリーで書くことの基本

なぜこのタイトルだとテレビを見たくなるのか？……135
ストーリーはどのような文章に有効か？……136
プレスリリースにストーリーを取り入れる……138
ストーリーの肝は「人」……139
「ストーリー」を使うメリット……142
覚えておくべき「序破急」の構成……144

STEP 2　「ストーリーの黄金律」で大きく心を揺さぶる

人類共通の感動のツボ　「ストーリーの黄金律」とは？……145
自己PR文でも使える「ストーリーの黄金律」……149

STEP 3　ストーリー・ブランディングの「3本の矢」とは？

情報の価値を「見える化」する……152

● 5限目で学んだこと……156

おわりに……160

特別付録1　**How to say（どう伝えるか）の型　厳選36**……159

特別付録2　**思わず買いたくなるセールス文章7つの型**……174
チラシ、商品紹介、ECサイト、メルマガ、DMなどで有効

特別付録3　**「心を動かす文章」を書きたい時の7つの型**……195
就職、転職、ブログ、社内報、SNS、メルマガなどで有効

1限目

自分ごとにしてもらう

「何を伝えるか」を探し当てよう

1限目で学ぶこと

相手を動かす文章は、
「何を伝えるか＝What to say」
「どう伝えるか＝How to say」
の2つの要素から成り立ちます。

一般的に「どう伝えるか＝How to say」という
テクニックの部分に目がいきがちです。
でも「何を伝えるか＝What to say」を間違えば、
どんなテクニックを駆使しても、
相手の心を動かす文章は書けません。

1限目では、
「何を伝えるか＝What to say」
を発見する方法を、学んでいきましょう。
ちょっと理屈っぽい章ですが、
がんばってついてきてくださいね。

STEP 1
ペンを持つ前に、文章の目的を明確にする

1限目　ここを間違えるとすべてムダに!「何を伝えるか」を探し当てよう

文章を誰に向けて書くか？　どういう場面で書くか？　を理解する

> デスクの上が散らかっている人が多いので、社内整理整頓キャンペーンを実施します。ご協力よろしくお願いします。

ちょっと想像してみてください。
会社で上記のような回覧の文章がまわってきたとします。
あなたがもし、自分のデスクの上に書類を山積みにしている営業マンだと仮定してくださいね。
ちゃんと、営業マンになりきって考えてみてくださいよ。

文章を読んで、どんな風に感じるでしょうか？
どんな感情が沸き上がってくるでしょうか？
整理整頓する気になったでしょうか？

……「よし、片づけよう」と素直に思った人の方が少ないのではないでしょうか？

これは、自分が伝えたいことをそのまま書いてしまっているのが原因です。ビジネスで文章を書く時、一番気をつけなければいけないことがあります。それは、**その文章の目的が何かを考えながら書く**ということです。
　え？　そんなの当たり前だろうって？
　そうなんです。当たり前なんです。でも意外と忘れてしまうのが「その文章を書く目的」なんですよね。

　そもそも、あなたは誰に向かって文章を書きますか？

上司、部下、同僚、上司の上司、経営者、他部門の社員、得意先、お客さん、生活者、協力会社、マスメディア、WEBメディア、株主、出資者

いろいろな相手が考えられますよね。
では、実際に文章を書くのはどんな媒体ですか？

「ビジネスメール」「企画書」「社内提案書」「案内状」「会議資料」「報告書」「稟議書」「議事録」「プレゼン資料」「商品情報の説明文」「商品提案書」「社内イベントの案内」「インナーキャンペーンの告知文」「社内報」「プレスリリース」「チラシ」「パンフレット」「カタログ」「会社案内」「説明書」「ブログ」「メルマガ」「Facebookの投稿」「Twitterのつぶやき」

こちらもいろいろあると思います。
相手や場面が違えば、それぞれ目的も違いますよね？
たとえば……

> 企画書⇒提出する相手がその企画を採用して実現しようと本気で思ってくれること

> プレスリリース⇒メディア関係者が記事にして取り上げようと本気で思ってくれること

　要は、**自分が実現させたいことを、相手も本気でやろうと思ってくれること**。それが目的なんです。
　シンプルな言葉で言うと**「相手の心を動かす」**ということです。

　にもかかわらず、多くの人はその目的を忘れてしまいがちです。相手の心を動かすことを考えずに、自分が書きたいこと、伝えたいことをそのまま書いてしまうんです。
　ひょっとして、あなたも今までそうしてきたのではないでしょうか？
　今のままでは多くの場合、「本来の目的が実現されない」という、とてもモッタイナイ状況になってしまいます。冒頭の「社内整理整頓キャンペーン」のように……。

　そこのあなた。
　今、「なぜなの？」と心の中で思いましたよね？

> ## 誰もあなたの文章を
> ## 読みたいと思っていない

　なぜ、自分の書きたいことをそのまま書くと、目的が実現されないのか？

それは**「誰も人の書いた文章を積極的に読みたいと思っていないし、その通り行動しようとは思っていない」**というシンプルな事実があるからです。

え？　そうなの？　と衝撃を受けたあなた。
あなたが人の文章を読む立場になってみればきっとわかります。
文章を読むのって、面倒だし、時間は取られるし、大げさに言うと「苦痛」なんですよね。
人はよほど自分に興味があるもの以外は、誰かが書いた文章をなるべく読みたくないと思っているのです。だからこそ、

①**「何を伝えるか」を考え、**
②**「どのように伝えるか」を工夫する**
必要があります。

そうしないと、あなたの文章は、本当の意味で誰にも読んでもらえないからです。ましてや、内容通り本気で行動しようなんてことにはならないのです。

自分の書きたいことを書くだけでは、相手の心は動きません。
それでは何も書かないのと同じです。
たとえそれが正確に伝わる文章であってもです。

もちろん、「議事録」「報告書」などのように、正確でわかりやすいということが最優先の目的の文章もあります。
でも、本書ではそういう文章の書き方は扱いません。
なぜなら、たとえそんな文章が書けたとしても、偏差値50が取れるだけだからです。本当の意味での仕事の評価や成果には繋がらないのです。
では、何を伝えれば相手の心が動くのでしょう？　次のステップでは、この何を伝えるのか（what to say）について説明しましょう。

STEP 2
3種類のWhat to sayを使いこなす

1限目　ここを間違えるとすべてムダに！「何を伝えるか」を探し当てよう

ファクト、メリット、ベネフィットを理解する

文章で相手の心を動かそうとするとき、伝えるべきこと（What to say）は大きく分けると3種類あります。

<u>①ファクト（FACT）</u>
<u>②メリット（MERIT）</u>
<u>③ベネフィット（BENEFIT）</u>

です。

これらは広告制作の時によく使われる用語ですが、初めて聞いたという方も多いかもしれません。

わかりやすく簡単に説明していきますね。

ファクトとは、「事実」のことです。
書き手からすると「伝えたいポイント」です。

先程の「社内整理整頓キャンペーン」の回覧文でいうと、

> **「社内整理整頓キャンペーンを実施します」**

という部分ですね。

実際に実施するわけですから、内容的にはもちろん間違っていません。

また、書き手が一番伝えたいポイントであることは間違いないでしょう。

ただ、「ファクトをそのまま伝えれば人の心が動くか?」というと、そうでない場合が多いのが「事実(ファクト)」です。

そこでメリットやベネフィットを伝えていく必要がでてきます。

もちろん、ファクトだけで、相手の心を大きく動かせる場合もあります。たとえばアップル社の携帯端末iPhoneを例にとって考えてみましょう。

2007年、初代iPhoneが発売される時のこと。当時、アップルのCEOだったスティーブ・ジョブズは、新商品の発表プレゼンで「電話を再発明する」と大見得を切りました。よほど、これから発表する新商品のファクトに自信があったのでしょう。電話と情報端末と音楽プレイヤーがひとつになった革命的な商品がiPhoneであり、画面が従来のスマートフォンより格段に大きくタッチパネルで操作できることを誇らしく訴求しました。

そして、聴衆達は「画面が大きくタッチパネルで操作できいろいろなアプリが使えるスマートフォン」という事実(ファクト)に熱狂したのです。

今度は時間軸を2014年にして考えてみましょう。

新しいiPhoneを売りたい。そんな時、タッチパネルで操作できることやいろいろなアプリが使えるというファクトを訴求したら、どうでしょう? 当たり前すぎて、多くの人の心を動かすことはで

きませんよね。

　つまりこういうことです。

　相手の心を揺り動かすことができるような画期的なニュースがあれば、ファクトを書くだけでも通用する。
　しかしそうでなければ、ファクトだけでは不十分。

　そういうときは、メリットやベネフィットを訴求する必要があるのです。

　※このことは、iPhoneのテレビＣＭの変遷を見ればわかります。最初の頃はファクトを訴求していましたが、やがてこれから説明するメリットの訴求になり、現在はユーザーのベネフィットに焦点をあてて訴求しています。
　次項でメリットとベネフィットの違いが理解できたら、YouTubeで歴代iPhoneのテレビＣＭを見比べてくださいね。

メリットとベネフィットの違いは、「自分ごと」にあり

一般的に、3つの「What to say」は、以下のように訳されます。

ファクト（FACT） ＝事実
メリット（MERIT） ＝利点・長所
ベネフィット（BENEFIT） ＝利益

「ファクト＝事実」は前項の説明でわかってもらえたと思いますが、このままではメリットとベネフィットの違いがわかりにくいですよね。

じゃあ、こんな風に超訳してみましょうか。

> ファクト（FACT） ＝伝えたいポイント
> メリット（MERIT） ＝ファクトから得られる「一般的に良いこと」
> ベネフィット（BENEFIT） ＝ファクトから得られる「受け手のハッピー」

どうですか？ 少しはわかりやすく、イメージできるようになったのではありませんか？

例を挙げてみましょう。

オーガニックコットン100％のTシャツがあったとします。あなたが販売員だとして、ファクト、メリット、ベネフィットを考えていきましょう。

まずファクトから。

> **ファクト（FACT）＝ オーガニックコットン100％のTシャツ**

です。
ここが一番の伝えるべきポイントですよね。

販売員のあなたがお客さんに「このTシャツはオーガニックコットン100％なんですよ」と語ったとして、その言葉だけでも響く人には響くでしょうし、買ってくれるお客さんもいるかもしれません。でも多くのお客さんは心の中で「だから何？」とつぶやいていることでしょう。

そこで「メリット」や「ベネフィット」を語っていかなければならないのです。では、この商品のメリットとベネフィットはなんでしょう？

まずメリットから考えてみてください。メリットとは、先程お話したように「ファクトから得られる『一般的に良いこと』」ですよ。

考えましたか？
では、例を示していきます。
たとえばメリットは以下のようなものが考えられます。

> **オーガニックコットン100％のTシャツのメリット（MERIT）**
> 　＝肌触りがいい
> 　＝洗濯しても型崩れしにくい
> 　＝環境にやさしい
> 　　　　（※あくまで例なので厳密に本当かどうかは議論しないでくださいね）

これらはファクトから得られる「一般的に良いこと」です。
あなたが販売員だとしてこのメリットを訴求した販売トークをする時は、

「これ肌触りがいいんですよ」
「洗濯しても型崩れしにくいんですよ」
「環境にやさしいんですよ」
などと言えばいいわけです。

実際、販売員でこのようなメリットを語る人は大勢います。

しかし、実はそれだけではお客さんの購買の決め手にならないことが多いのです。なぜならば「自分ごと」ではないからです。

そこで、ベネフィットを考えていく必要があるのです。

ベネフィットには「ハッピー」がある

では、早速このTシャツの「ベネフィット」を考えていきましょう。『事実から得られる「受け手のハッピー」』ですね。

たとえば、ベネフィットは以下のようなものが考えられます。

オーガニックコットン100％のTシャツのベネフィット（BENEFIT）
　＝敏感肌だから肌荒れしにくい素材で助かる
　＝物のよさがわかる私ってステキ
　＝ちょうど探していたパジャマにぴったり
　＝パートナーとじゃれ合う時にぴったりかも
　＝人から指摘された時にうんちくが語れる
　＝環境にいいことをした気分になれる

メリットが製品の良いところだったのに対して、**ベネフィットは受け手が感じるハッピーである**、という違いがわかっていただいたでしょうか？

これがメリットとベネフィットの違いです。

ただここで勘のするどいあなたは「あれ？」と思ったはずです。

そう。

メリットは一般的な利点なので、お客さんがどんな人でも同じことを語っていればよかったのです。

でも、ベネフィットはお客さんによってハッピーが違うので、テンプレートのように語るだけでは、まったく響かないという可能性も大きいのです。

ベネフィットは、相手の気持ち（＝本音）を理解しないと語れません。その方法はのちほど詳しくお話するとして、ここではメリットとベネフィットの違いを例の社内文章を使って復習しましょう。

文章でいちばん大切なのは 相手のハッピー

さて、ここで1限目の冒頭で挙げた「社内整理整頓キャンペーン」の回覧文を思い出してください。

> **デスクの上が散らかっている人が多いので、社内整理整頓キャンペーンを実施します。ご協力よろしくお願いします。**

この文章はファクトのみを書いたものです。

問題は、ファクトをそのまま伝えたとして社員が動いてくれるかということですね。

どうでしょう？

あなたが、机の上が散らかった営業マンだとして動きたくなったでしょうか？　多くの人がスルーしてしまいますよね。一般的には、ファクトだけではなかなか人は動いてくれません。

では、メリットを示すとどうでしょう。

この回覧文でいうと、メリットとして考えられるのは以下のようなものです。

- 社内がキレイになる
- 見ていて気持ちいい
- 対外的にも見栄えがいい
- どこに何があるかわかりやすい
- 書類を探す無駄な時間が少なくなる
- 結果として仕事の効率がよくなる（はず）

上記をもとに、メリットを訴求する文章を書いてみましょう。たとえば……

> **キレイな机で仕事の効率アップ！**
> **社内整理整頓キャンペーン実施中。ぜひご協力ください。**

もう一度、想像してみてください。
　会社で上記のような回覧の文章がまわってきたとします。デスクの上に書類を山積みにしている営業マンになりきって考えてみてくださいね。

　文章を読んで、どんな風に感じるでしょうか？
　どんな感情が沸き上がってくるでしょうか？
　整理整頓する気になったでしょうか？

　正直、あまり心が動かなかったのではないでしょうか。メリットを訴求する方法は、一般的によく使われます。何となくキャッチコピーっぽくなりますしね。
　しかし、それで人の心が動くかというとそうではないのです。
　そもそも、机の上に書類が山積みな営業マンだって、キレイにしたら仕事の効率がアップすることぐらい知っているでしょう。
　なのになぜ片づけないのでしょう？

それは**そのメリットが、かならずしも、自分のハッピーに繋がってないから**です。
　いくらメリットがあるのがわかっていたとしても、自分のハッピーに繋がらなければ、人はなかなか動こうとしないものなのです。

　とはいえ、ベネフィットなんてどうやって見つけ出せばいいんだろう、と思うかもしれません。確かにベネフィットはメリットのように、商品や訴えるテーマを見ているだけではなかなか浮かび上がってこないものです。
　そこで、次のステップのインサイトが重要になってくるのです。

STEP 3
ベネフィットを見つけるために、相手の本音を探る

受け手の「本音」をつかむコツとは？

　前のステップでベネフィットは「受け手のハッピー」と説明しました。ベネフィットは受け手を通してみないとそれが何なのかわかりません。つまり、受け手になりきり気持ちを想像しなければならないのです。

　このように"受け手になりきった時の気持ち"のことを広告やマーティング用語では**「インサイト」**と呼んでいます。

　ひと言で言うと受け手の**「本音」**です。

　わかりやすいように例をあげますね。

　あなたはディーラーで自動車を売る営業マンです。ショールームに見学や試乗に来るお客さんにクルマを売るのが仕事です。

　普通の営業マンはそのクルマのファクトやメリットを語ってしまいます。

> ワンボックスカー＝「３列シートにでき８人まで乗れます」
> コンパクトカー＝「最小半径が〇メートルで小回りがききます」
> ラグジュアリーカー＝「シートが革張りで室内が静かです」

……といった風に。

このようなトークでは、よほどこのクルマにしようと決めていた場合を除いて、お客さんの心を動かすことは難しいでしょう。

ではどうすればいいのでしょう？　それはベネフィット＝受け手のハッピーを語ることです。そのためには、お客さんひとりひとりのインサイトを想像する必要があります。

優秀な営業マンは一瞬でお客さんのインサイトを読み取る

優秀な営業マンは、見た目や言動などで、一瞬のうちにお客さんのインサイトを読み取り、その人にあったベネフィットを提示するのです。

たとえば、お客さんが幼稚園児の双子を持つお母さんで送り迎えに使うことがわかったら。

彼女のハッピーを想像して以下のように語るのでしょう。

> ワンボックスカー＝「幼稚園の帰りに、他の家のお子さんも乗せてあげることができますよ」

では、お客さんの家の駐車場が狭いということがわかったら、お客さんのハッピーを想像するとどうでしょうか。

> コンパクトカー＝「駐車場が狭くてもストレスなく駐車できますよ」

　お客さんがいいクルマを買ったら女性にモテるんじゃないかと思っているようだったら、彼のハッピーを想像して語ります。

> ラグジュアリーカー＝「このシートの革の感触が女性にはたまらないみたいですね。うちのディラーの女性社員はみんな助手席に乗りたいって言ってますよ」

　……などといった風に。
　もちろんこれは一例で、相手がクルマに求めている気持ち（インサイト）を読み取り、そのお客さんがハッピーになる姿を想像してベネフィットを語るのです。

　どうでしょう？　インサイトとベネフィットの関係について少しは理解してもらえたでしょうか？

　インサイトとベネフィットについてたくさんの例を挙げてお話ししてきましたが、ビジネス文章を書く時もまったく同じです。
　受け手のインサイトを想像することで、何らかのベネフィットを提示すると大きな効果を得られるのです。

　では、先程から何度も取り上げている「社内整理整頓キャンペーン」。これに対する、受け手（営業マン）のインサイトを考えてみましょう。

> デスクの上が散らかっている人が多いので、社内整理整頓キャンペーンを実施します。ご協力よろしくお願いします。

営業マンになりきって考えてみてください。

そして彼らのインサイトをいくつか書き出してみましょう。その上で、そんな思いを抱いている営業マンに「ハッピーな未来（＝ベネフィット）を想像させるには、何を言えばをいいか考えて書き足してみましょう。以下にいくつか例をあげておきます。

> **営業マンのインサイト（例）**
> 「散らかしたくて散らかしているんじゃないんだよ。忙しくて片づける時間がないんだよ」
> 「散らかっていてもどこに何が置いてあるか、わかっているからいいんだよ。誰にも迷惑かけてないし」
> 「散らかっていても営業成績がよければいいんだろ？」

↓

> **ベネフィット（例）**
> 「時間がなくても片づける方法があるんですよ」
> 「私たちも一緒に片づけるからこれを機会に片づけましょう」
> 「実はその書類の山はまわりの迷惑になってますよ。片づけると感謝されますよ」
> 「机の上をキレイにするとさらに営業成績があがりますよ」
> 「せっかく営業成績がいいのに机がキタナイために査定が下がるのはもったいないですよ」

いかがでしょう？
インサイトとベネフィットの関係が理解できたでしょうか？

1限目で学んだこと

　1時限目は何を伝えるか（= What to say）についてお話ししてきました。

　ファクト、メリット、ベネフィット、インサイトなど、ちょっと難しい言葉も出てきましたね。

　これらは広告制作の時に使われる言葉です。まずファクト、メリット、ベネフィットを洗い出すと、誰に対してどのようなことを語れば効果があるかがわかってくるからです。

　ビジネス文章も同じです。

　常に受け手のインサントを考えて、ベネフィットを提示するように書いてみて下さい。効果が俄然変わってくるのに驚くでしょう。

　ぜひ、実行してみてください。

　次回の講義は、「どう伝えるか= How to say」についてお話していきます。

　どんどんおもしろくなっていきますから、ぜひ続けて参加してくださいね。

2限目

相手をゆさぶる

「どう伝えるか」の基本を習得しよう

2限目で学ぶこと

1限目で学んだ、
「何を伝えるか＝ What to say」
に続き、いよいよ
「どう伝えるか＝ How to say」を学びます。

伝えるべき情報が正しくても、
実際に文章を書く時の伝え方がうまくなければ、
相手の心は動きません。
相手の心が動かなければ、
思ったような効果を得ることはできません。

効果がある文章の書き方（＝ How to say）には
すべての大前提になる考え方があります。
その大前提をもとに、
基本となる考え方を学んでいきましょう。

STEP 1
人を動かす強い文章を書くために必要なただ1つの大前提とは？

2限目 相手をゆさぶる「どう伝えるか」の基本を習得しよう

究極のカクテルパーティ効果 〜「自分ごと」にしか人は反応しない

　前回の講義では、人に何かを伝える時、相手のインサイトを探り、ベネフィットを見つけ出して、それを提示する必要がある、というお話をしました。

　ちゃんと覚えてますよね？

　では、そもそも、なぜそのようなプロセスが必要なのでしょう？

　それは、人は「自分に関係ない」と思う情報には、興味を示さないからです。

つまり、「自分ごと」にしか人は反応しないのです。

　この傾向は、ネット社会になりソーシャルメディアが発達した現在においてはますます顕著になってきています。個人が接する情報量は、ネット社会になる前に比べると、感覚的には何倍にもなっています。すべての情報に関心をよせるには、人間の脳の情報処理能力が追いつきません。

　あなたもきっと身に覚えがあるはずです。毎日、通勤で前を通っている道にあったはずの建物が取り壊されて工事中になっているの

に、前にそこに何があったのか思い出せないということが。

　そうです。人はいくら目で見ていても、**「自分と関係ない」と思った瞬間、脳がその情報をスルーしてしまい、記憶に残らない**んです。

　だから、何かを伝えたいときには、まずはその情報が相手に「自分と関係ある」と思ってもらうことが何よりも大切なのです。

　ベネフィットは「受け手にとってのハッピー」。

　それが正しく提示されていれば、相手に「自分ごと」として反応してもらえる確率が数段上がるのです。

　想像してみてください。あなたはホテルで立食パーティに出席しています。ザワザワと騒がしく、壇上で挨拶している人の言葉もみんなロクに聞いていません。

　そんな時です。少し離れた場所で自分の名前を誰かが喋っているのが聞こえてきたのは。あなたはそちらの会話が気になってなって気になって仕方ない……。

　このように周囲が騒がしい中でも、自分に興味があることが語られていると自然と聞き取ることができる選択的聴取のことを、心理学者のチェリーは**「カクテルパーティ効果」**と名付けました。

　現代社会は、いつもカクテルパーティが行なわれている状況だと考えてください。しかも周囲の雑音はますます大きくなってきている。よほど相手にとって興味のあることを話さないと、振り向いてはもらえないのです。伝える側は、とにかく受け手が「自分と関係がある」と思ってもらう必要があります。

　どんなに素晴らしい完璧な文章を書いたとしても、「何を伝えるか」を間違ってしまうと、ビジネスにおいては何の効果ももたらさいのです。

しつこいようですが、重要な部分なので、あなたの耳元に大声で（フォント大きくして）もう一度お伝えしておきます。これだけは、心に残しておいてくださいね。

人を動かす「強い文章力」の基本の基本の大前提は、
受け手に「自分と関係がある」
と思ってもらうこと。

> 「文章の顔」を作る能力、
> 『キャッチコピー力(りょく)』をつける

ではどうすれば「自分と関係がある」と思ってもらえるような文章が書けるのでしょう？

まずは**「タイトル」「見出し」などの最初のワンフレーズで相手の心をつかむこと**です。多くの人は中身を読む前にそのワンフレーズを見て、自分と関係があるかどうかを決めるからです。

このような最初のワンフレーズはまさに、文章の「顔」だといえます。「顔」を見て興味を持たれければ、その相手をもっと知りたいとはなかなか思わないものです。

本書では、このような**文章の顔であるワンフレーズを作る能力のことを「キャッチコピー力」**と呼ぶことにします。

ただし、「キャッチコピー」と「キャッチコピー力」は似て非なるものです。

キャッチコピーとは、商品の広告や映画の宣伝など、何らかの告知や宣伝に用いられるフレーズのことです。それが商品の印象を決め、売れ行きすらをも左右する重要なものです。このキャッチコピーを専門に書く人のことをコピーライターと呼びます。

「キャッチコピー力」は、そんなコピーライターの発想を使って普

通のビジネス文章にアウトプットする能力のことを言います。コピーライターよりもむしろ、普通のビジネスパーソンにこそ身につけてほしい能力です。この時代を生きるビジネスパーソン必須のビジネススキルと言えるでしょう。

キャッチコピー力とは、言い換えると、**「受け手の心をつかむ言葉を見つけ、短く的確に文章化する能力」**です。

受け手の心をつかむ言葉を見つる部分が What to say の部分。
短く的確に文章化する能力が How to say の部分です。

この「キャッチコピー力」を持っているかどうかは、人を動かす文章を書くための大きな要素となります。この能力を持っていれば、あなたのビジネス人生において大きな武器となるでしょう。

「自分に関係ある」と思ってもらう方法

以下のいくつかの一行を見てください。

「今日着る服がわからない!」魂の叫びに愛の回答
「どうしてもスキニーパンツがはけない!」対策委員会
いつもの服を「いいね!」に変える30の挑戦!
2014年、"黒髪"で生きていく? "茶髪"で生きていく?
進撃のJK 欲望の冬コーデ400
新学期ほめられスクールグッズ全力リスト!

いずれも女性誌の表紙に書かれているその号の特集のキャッチコピーです。まさに雑誌の顔の部分です。

上から順に、
『STORY』（光文社）2012年11月号
『VERY』（光文社）2013年5月号
『MORE』（集英社）2013年8月号
『CanCam』（小学館）2014年1月号
『Seventeen』（集英社）2013年12月号
『nicola』（新潮社）2013年4月号
です。
　一番上の『STORY』の想定読者は40代の働く妻、一番下の『nicola』の想定読者はローティーンです。
　しかし、想定読者の年齢層は大きく違っても共通することがあります。
　それは何でしょうか？　ちょっと考えてみてください。

　答えは、編集部が想定読者に向かって**「あなたと関係のある情報が載っていますよ」「あなたの為に作った号ですよ」**と必死で訴えかけているということです。

　ひと昔前であれば、自分が好きな雑誌は必ず毎号買ってくれる読者も大勢いました。しかし今はそんなに甘くありません。競合の雑誌も数多く存在します。表紙の一行を見て、その号を買う買わないを決める人も大勢います。特集のキャッチコピーによって売れ行きは大きく左右されるのです。

　おそらく STORY や VERY の編集部では、想定読者にアンケートを実施して「今日着る服がわからない！」「どうしてもスキニーパンツがはけない！」という意見を得たのではないでしょうか。
　CanCam の「"黒髪"で生きていく？"茶髪"で生きていく？」も、想定読者の年代の女性にとっては、2014年のとても大きな問題なのですね。

このように女性誌は読者に向かって「自分と関係ある」と思ってもらう特集記事を前面に押し出して、何とか手に取ってもらうように努力しています。「人を動かす文章」を書く時に、とても参考になる事例が満載なのです。

　今後もさまざまな How to say を学ぶ時には、雑誌のキャッチコピーや見出しを実例として取り上げていきますね。

STEP 2
丸覚え！「心をつかむ一行」のための基本3カ条〜その1〜

見出し・タイトルの3つの基本

人の心をグッとつかむワンフレーズを書く時、基本の考え方となる3カ条があります。

見出し・タイトルの3つの基本

① パンチのある強い言葉を使う
② 相手の心にむりやりにでも「興味」を作り出す
③ 思わず口にしてしまうリズムや語呂を意識する

これだけでもあなたのキャッチコピー力が大幅に向上する大切なポイントですから、丸覚えして身につけましょうね。この3カ条を意識して、文章の顔になるようなワンフレーズを書けば、相手の心をつかむ文章を書く可能性が格段に高まりますよ。

順番に見ていきましょう。

①パンチのある強い言葉を使う

　読み手の心をグッとつかむワンフレーズを書くためには、パンチのある「強い言葉」を使う必要があります。
　そう、言葉には「強い」「弱い」があるんです。

「強い言葉」とは、**「印象に残る」「心に刺さる」「行動したくなる」**ような言葉です。
「弱い言葉」とは、**「手垢がついた」「ありきたりな」「心が動かない」**ような言葉です。

　残念ながら、具体的にこの言葉を使えば必ず強くなるというような魔法の言葉は存在しません。言葉の強い弱いは、使われる場面によって大きく変わるからです。ある場面では強い言葉が、ある場面では弱くなることも。
　たとえばダイエット本などの実用書でよく使われる「魔法の」「奇跡の」というような言葉。
　本のタイトルとしては「強い言葉」になることも多いのですが、たとえばビジネスの現場では「信用できない」「あやしい」と思われる「弱い言葉」になることの方が多いでしょう。
　このように場面によって言葉の強い弱いは変わってきますが、最低限以下の3つのポイントを注意するだけでも言葉を強くする可能性が高まります。

強い言葉をつくる3つのポイント

（1）抽象的な常套句を避ける
（2）言葉の組み合わせを考える
（3）圧縮して言い切る

順に見ていきましょう。

(1) 抽象的な常套句を避ける

　抽象的な表現や常套句を避けるだけでも、言葉は格段に強くなるんです。たとえば、飲食店や温泉旅館などでよく見られる抽象的な常套句がありますよね。たとえばこんな感じの言葉です。

> "厳選された素材""こだわりの製法""極上の料理""真心をこめたおもてなし""くつろぎの空間"

　どうでしょう？　あなたも散々見た記憶がありませんか？
　十数年前までならともかく、残念ながら現在では、このような言葉では読み手の心に何ひとつイメージを残すことができません。どこの店でも使っているような手垢のついた常套句だからです。
　これでは何も言ってないのと同じ。
　存在に気づかない空気のような**「空気コピー」**と言ってもいいでしょう。
　ではどうすれば強い言葉になるのでしょうか？
　それは**できるだけ具体的に書くこと**です。
　たとえば、飲食店を紹介するフリーペーパーに以下のような店のコメントが書かれているちゃんこ鍋屋さんがありました。

> 当店ではくつろぎの空間でおいしい料理をおもてなしの心で提供しています。

　このような抽象的な言葉ではなかなか訴えかけるものがありません。この店、実際に入ってみると、個室の座敷に掘ごたつという本当にくつろげる空間で、名物のイワシのつみれがとてもおいしい店なんです。それが伝わっていなくてとてももったいないですね。

だとしたら、こんな風に書き換えてみたらどうでしょう。

> 原文　当店ではくつろぎの空間でおいしい料理をおもてなしの心で提供しています。
> ⇩
> 改善　お座敷に掘ごたつで完全個室。名物「イワシのつみれ」が自慢のちゃんこ鍋をみんなでハウハウしながら召し上がれ。

抽象的な常套句に比べてイメージが湧き、断然食べに行きたくなるのではないでしょうか？

このように抽象的な常套句を具体的な言葉にするだけでも、言葉は力強くなります。

仕事で文章を書くときは「抽象的な言葉になっていないか」「それらしい常套句になっていないか」をチェックする習慣をつけましょう。そして、そのような言葉が見つかったら、できるだけ具体的に書きかえてみましょう。たとえば、以下のように。

丁寧な⇒すべての行程を手作業で仕上げた
迅速な⇒当日中に必ずお返事
豊富な⇒32種類ものバリエーション
納得の⇒アンケートで満足度97.8％の

このような習慣をつけていくだけでも、あなたの「キャッチコピー力」「文章力」は格段に向上します。

（2）言葉の組み合わせを考える

異質な言葉同士が組み合わされると、お互いが化学反応を起こして強いフレーズになることがあります。

例が少し古くなりますが、2009年にトヨタのテレビＣＭで使われ

流行語にもなった「こども店長」は典型的な例ですね。「こども」も「店長」もそれぞれは平凡な言葉ですが、組み合わされると化学反応が起こって「強い言葉」になるんです。

同じ頃、流行語になった「草食男子」「肉食女子」もそうですね。普通は人間には使わない「草食」「肉食」という言葉と、「男子」「女子」との組み合わせが新鮮で「強い言葉」になりました。

このように異質な言葉を組み合わせることで「強い言葉」をうみ出している例に本のタイトルがあります。

たとえば以下のようなものです。

・**異質な言葉の組み合わせ**

> 『国家の品格』
> 『老いの才覚』
> 『教室内カースト(スクール)』
> 『三匹のおっさん』
> 『神様のカルテ』
> 『大人のラジオ体操』

いずれも異質な言葉の組み合わせで心に残るタイトルになっているのがわかるでしょう？

意外な組み合わせで「形容詞と名詞」「名詞と動詞」をペアにするのも化学反応がおきやすくなります。

・**「形容詞＋名詞」**

> おいしい生活。

これは、1982年の西武百貨店の年間キャッチフレーズです。コ

ピーライターは糸井重里さん。今でこそ「おいしい」という形容詞と、「生活」や「仕事」などの名詞との組み合わせは普通ですが、当時は「おいしい」という言葉は食べ物と組み合わせる以外は使いませんでした。また「生活」という名詞も普通は「豊かな」「貧しい」「質素な」等の形容詞を組み合わせるのが普通でした。だからこそ、この組み合わせが新鮮で非常に強い言葉になったのです。

では、この「おいしい」という形容詞を「生活」とは別の、化学反応が起きそうな名詞と組み合わせてみましょう。

> おいしいカラダ
> おいしい恋愛
> おいしい貧乏
> おいしい老後
> おいしい学歴

では今度は、「生活」という名詞に化学反応が起きそうな形容詞を組み合わせてみましょう。

> やさしい生活
> かわいい生活
> めでたい生活
> かしこい生活

どうでしょう？
どちらの組み合わせも「おいしい料理」「豊かな生活」などといった普通の言葉の組み合わせよりは強いフレーズになっているのではないでしょうか？

・「名詞と動詞」

　たとえばあなたが社内報を編集しているとして、「仕事」というキーワードで何か新しい企画や見出しを考えなければならないとします。「仕事」につく動詞は、普通に考えると「する」とか「覚える」ですよね。それをまったく別の動詞と組み合わせると、ちょっと新しい響きのフレーズになります。ひょっとしたら、そこから新しい企画が生まれるかもしれません。

```
原文　仕事をする
　　　仕事を覚える
　⇓
改善　仕事を読む
　　　仕事を遊ぶ
　　　仕事をデザインする
　　　仕事をねじ伏せる
　　　仕事を抱きしめる
　　　仕事に溺れる
　　　仕事に惚れる
```

「仕事」を「プレゼン」「営業」「企画書」「会話」など、より狭めたトピックに置き換えることでも、組み合わせの化学反応は大きくなるでしょう。

　たとえば、社内報で地方営業所の社員を紹介する時などに使うとユニークなキャッチコピーになります。以下のように。

```
原文　入社5年目の営業ウーマン　中田智子
　⇓
改善　入社5年　営業を遊びつくす女　中田智子
```

（3）圧縮して言い切る

　言葉は、短く圧縮して言い切った方が強くなります。

　たとえば、ドラマなどで主人公の強烈なキャラクターを表現するために、圧縮して言い切るセリフが使われることがあります。たとえば2013年に大ヒットしたドラマ『リーガルハイ』で堺雅人さん演じる主人公で弁護士の古美門研介は、言い切ることで強いセリフを連発していました。

　以下はその一例です。

> 訴訟は勝つか負けるかのギャンブルだ！

　普通に考えれば、訴訟がギャンブルでは困ります。

　でも裁判には勝ち負けがつきものなので、ある意味、ギャンブル的な要素があることも事実です。それをもってまわった言い方をせずに、圧縮して言い切ったことで、古美門弁護士のキャラを象徴するような強いセリフになりました。

　同じように言い切ることでキャラが強烈だったドラマの主人公というと、2005年に原作の漫画がドラマ化された『ドラゴン桜』を思い出します。阿部寛さん演じる主人公桜木建二が言い切る強いセリフを連発していました。以下は、桜木のセリフの一例です。

> バカとブスこそ、東大へ行け！

　極端だし不適切な言葉もありますが、意味合いとしては、「とりえや才能がなかったり、やりたい事がみつかってないからこそ東大に入っておくべきだ。あとから何かしたいと思った時に就職にも有利だし色々な可能性が高まる」ということです。それを短く圧縮して言い切ったからこそ、ストーリーを象徴するような強いセリフになったのですね。

> 女って、おしり。

これは、アラサーの"頭もキレイな働く女性"向けの雑誌『FRaU』（講談社）の特集のキャッチコピーです。

わざわざ言うまでもないですが、「女性がおしり」だけで決まるわけでないのは当然ですよね。この特集の趣旨は、おしりがダイエットの肝であったり、美しさの秘訣だったりするということです。

しかしそれを「ダイエットの肝はおしりにあった」などとせずに、「女って、おしり」と圧縮して言い切ったことにより、より力強いフレーズになっています。

この圧縮して言い切る手法は、ビジネスの現場でも非常に力を発揮します。たとえば、**経営理念などはこの圧縮して言い切ることがとても有効です**。言葉が浮かび上がり、意味が明確になってくるからです。

しかしながら、多くの会社の経営理念は、常套句のオンパレード。社員にもお客さんにも何も伝わらないのが実情です。

以下の「原文」にあるリフォーム会社の経営理念のように。

原文 我々は現代社会の刻々と変化する外部環境において、信念をもって創造し、リフォーム事業を通して、一人でも多くのお客様に対し、顧客満足を与え続ける会社を目指します。

⇓

改善 リフォームで「よかったね！」をうみ出す

どうでしょう？　すっきりと伝えたいことが伝わりやすくなったのではないでしょうか？

こうやって理念の意味が明確になると、「お客さんに『リフォームで「よかったね！」』と言ってもらうためには我々は何をすればいいか」という社員の行動に結びつきやすくなります。

　以上、「パンチのある強い言葉を使う」手法を見てきました。
　もう一度復習すると、言葉を強くするには、以下の３つのポイントに気をつけましょう、ということです。

（１）抽象的な常套句を避ける
（２）言葉の組み合わせを考える
（３）圧縮して言い切る

　特に、常套句や抽象的な言葉は、油断するとすぐに書いてしまうので気をつけましょう。

STEP 3
丸覚え！「心をつかむ一行」のための基本3カ条〜その2〜

②相手の心にむりやりにでも「興味」を作り出す

　相手に文章の中身を読みたいと思わせるには、最初のワンフレーズでぐっと心をつかむ必要があります。その方法のひとつが、相手に「一体中身は何が書いてあるんだろう？」と興味を抱かせるという方法です。

　人は興味のわかない文章を真剣に読もうとしません。相手に真剣に読もうと思ってもらうためには、最初のワンフレーズで相手の心にむりやりにでも「興味」を作り出す必要があるのです。

　1限目でお話したように、何を言えば興味を持ってもらえるか、What to say の部分が大切なのは言うまでもありません。

　さらにどう言うか、How to say の部分でも、受け手が興味を持ちやすい表現方法があります。

　大きく分類すると以下の3つの方法があります。

相手の心に興味をつくりだす3つのポイント

（1）「そう言われてみればなぜ？」という疑問を投げかける
（2）重要な情報を隠す
（3）常識とは逆のことを言う

順番に見ていきましょう。

(1)「そう言われてみればなぜ？」という疑問を投げかける

　今まで深くは考えていなくても、「そういえばそうだよな」という問いかけを投げかけられた時、人は興味を抱きます。そして疑問を解決する答えを知りたいがために、続きや中身を読みたくなる習性があるのです。

　これは書籍、特に新書のタイトルなどに多用される手法です。新書は同一レーベルでは判型も装丁も統一されていてデザインで工夫する余地が少ないのが特徴です。非常に多くのレーベルから本が出ていて競争も厳しい。だからタイトルで無理やりにでも興味を持ってもらう必要があるのです。

　以下、この方法でつけられた本のタイトルを見てみましょう。

> 『さおだけ屋はなぜ潰れないのか？』
> 『なぜ、社長のベンツは4ドアなのか？』
> 『なぜグリーン車にはハゲが多いのか』
> 『なぜ八幡神社が日本でいちばん多いのか』
> 『イスラムの人はなぜ日本を尊敬するのか』

　いずれもそう言われてみると、理由を知りたくなりますよね。火付け役はもちろん、2005年に発売されミリオンセラーになった山田真哉著の『さおだけ屋はなぜ潰れないのか？』です。

雑誌のキャッチコピーでもこの形式はよく利用されています。

下記は"女性の幸せを追求する"雑誌『婦人公論』(中央公論新社)の表紙にあった特集コピーです。

> 夫はなぜ、私をイラつかせるのか

大きな疑問というよりも、読者が「共感」できる疑問になっていることが特徴です。想定読者である40代以上の女性が普段なんとなく思っていることを、うまく言葉にすることで共感を獲得し、中身まで読みたくさせているのです。

このような疑問を投げかけて相手の興味を引き出す手法は、企画書や提案書などで有効です。

たとえば、あなたがコンサルティング会社の社員だとします。何年も計画通りの売り上げが上がっていない会社への提案書を出す時のタイトルを考えてみましょう。普通であれば原文のようなものになると思います。

それを、疑問を投げかける手法で、相手が興味を抱くようなタイトルに改善してみました。

```
原文　売り上げ改善のご提案
　⇩
改善　御社の「売り上げ計画」はなぜ毎年達成されないのか？
```

(2) 重要な情報を隠す

人は何かを隠されると見たくなるという習性があります。

日本最古の歴史書と言われている『古事記』。そこには、女神が「決して見ないでね」と言ったのに、男神が見てしまうことで起こる悲劇が何度も何度も繰り返されます。「見ないでね」と言われた

ものを見てしまっていいことは滅多に起きないにもかかわらず、人はそう言われるとどうしても見たくなってしまうのですね。

その習性を利用して、一番重要な情報を隠すことで、読み手に興味を抱かせることができます。

ちょっと想像してみてください。

あなたはあるネットニュースサイトの編集者です。以下のようなニュースに、見出しをつけなければいけません。その一行で、利用者がクリックするかどうかが決まります。

実際にちょっと考えてみてくださいね。

> 眠りの研究を専門とするディルクヤン・ダイク（Derk-Jan Dijk）氏と研究チームは、睡眠不足が健康上の問題にどのように関連するのかに着目しながら、症状の裏側にある分子メカニズムについての詳細な調査を行った。その結果、毎晩6時間以下の睡眠で1週間を過ごした場合、炎症や免疫系、ストレス反応に関連する711の遺伝子の発現に影響が出た。
>
> （AFPニュースより要約引用）

どうでしょう？　普通であれば、以下のような見出しを考えたのではないでしょうか？

・6時間以下の睡眠は遺伝子に悪影響
・睡眠不足で711の遺伝子に悪影響
・たった1週間の睡眠不足で、遺伝子に悪影響
・睡眠不足はやはり危険だった。遺伝子発現に悪影響

内容を要約する見出しとしてはいずれも過不足なく伝えるものになっています。普段から睡眠不足を気にしている人であれば、内容を読みたくなるものになっているかもしれません。

ではここから、特定の情報を隠すことで、より多くの人に興味を

抱かせるような見出しを見ていきましょう。たとえば「遺伝子に影響」という情報を隠してみます。

> **睡眠時間が6時間以下の人に、かなりヤバイ研究結果が……**

「遺伝子に影響」という情報を隠したことで、睡眠が6時間以下であればどんなヤバイことがあるんだろうと、興味を持つのではないでしょうか？

次は「睡眠」という情報を隠してみましょう。

> **700以上の遺伝子に悪影響を与えていた日々の習慣とは？**

「睡眠」という情報を隠したことで「700以上もの遺伝子に悪影響を与える日々の習慣って一体なんだろう？」と興味がわきませんか？

情報を隠す時「〇〇」「××」のような伏せ字を使うのも有効な方法です。

> **私、〇〇したら、急にモテるようになりました……♡**

これは、20代女性向けのファッション誌『CanCam』（小学館）の表紙に載っていたコピーです。

読者アンケートからわかった「モテ」の秘訣をファッションやヘア＆メークなどのジャンルごとに網羅して別冊付録にしたもののタイトルでした。

実際は大したことが書かれていなくても、やっぱり「何をしたら急にモテるようになるんだろう？」と気になってしまうのではないでしょうか？

あなたもきっと経験があるはずです。誰かが何かの話題を喋りだそうとして「やっぱりやめとく」と言われたら、途端に続きが聞きたくなってしまったことが。

このように途中の宙ぶらりんの状態にされると興味を持ってしまう心理的効果のことを**ツァイガルニック効果**と言います。旧ソビエト連邦の心理学者ブルーマ・ツァイガルニック（Bluma Zeigarnik）の実験により導かれた効果なのでそう呼びます（英語読みでザイガニック効果と呼ぶことも）。

情報を隠すことで、読み手に興味を抱かせる手法は、このツァイガルニック効果を応用したものです。

(3) 常識とは逆のことを言う

人間は、自分が常識だと思っていることと反対のことを言われると、頭の中に「何で？」という疑問が芽生えます。たとえばタイトルや見出しなどで、常識と逆の一行が書かれていると、つい中身の文章を読んでみたくなる、という風に。

これも新書、実用書、ビジネス書などの書籍のタイトルなどに多用される手法です。

以下はいずれも本のタイトルです。

『英語は、絶対勉強するな！』
『医者に殺されない47の心得』
『食べ放題ダイエット』

『長生きしたけりゃデブがいい』
『決算書の９割は嘘である』
『コミュニケーションは、要らない』

どのタイトルも、一般的に言われている常識とは逆のことを主張しています。すると、受け手に「何で？」という感情がわき起こります。

これらのタイトルを見たあなたは、もしまだ読んだことがなければ、「どんなことが書いてあるのか？」と興味を覚えたのではないでしょうか？

雑誌の見出しでも、常識とは違うことを書いて、興味を持たせるテクニックはよく使われます。以下の見出しはいずれも、雑誌『AERA』（朝日新聞出版）に載っていたものです。

「40代が買いだ」
「非主流だから出世できる」

一般に転職は35歳までという常識や出世するには主流派にいた方がいいという常識の反対をいく見出しなので、おやっと興味を抱かせます。

40代向けの女性誌『美ST』（光文社）の表紙にあった以下のコピーも、常識の反対をいくものなので、興味を抱かせるものになっています。

40代、すっぴんくらい見せられなくて、どうする！

この常識とは逆のことを言って、相手の興味を引き出す手法は、企画書や提案書などで使えます。特に、普通であれば採用してもらえる確率が低いケースなどでは有効です。

STEP 4
丸覚え！「心をつかむ一行」のための基本3カ条〜その3〜

③思わず口にしてしまうリズムや語呂を意識する

　リズムや語呂がいいと、言葉がストレートに脳に入ってきます。するとそのフレーズに興味を持ち、記憶にも残りやすくなります。

　あなたもきっと、学生時代に語呂合わせで覚えた「歴史の年号」「元素の周期表」「平方根」などを今でも記憶しているのではないでしょうか？

　リズムや語呂をよくするためには数多くの手法がありますが、ここでは、ビジネス文章で役立つものを厳選して、4つの手法をご紹介します。

リズムや語呂をよくする4つのポイント

(1) 3つたたみかける
(2) 韻を踏む
(3) 対句
(4) 有名なコピーや流行り言葉をもじる

それぞれ簡単に解説していきますね。

(1) 3つたたみかける

3つのワードが並べられると、リズムや語呂がよく心に刺さるので、記憶に残りやすくなります。

「松竹梅」「衣食住」「守破離」「天地人」などの3文字熟語も語呂がよいように、「うまい、はやい、やすい」「清く、正しく、美しく」「努力　友情　勝利」などの単語を並べたフレーズも語呂がよくなります（それぞれ、吉野屋のコンセプト、宝塚歌劇団のモットー、少年ジャンプの編集方針ですね）。

この「3つたたみかける」という手法は、会社・店・商品・人などの特徴を覚えてもらうような時に効果を発揮します。メリットを3連発にしてたたみかけることで勢いが出て記憶に残りやすくなるのです。

一般的にはメインのコピーとして使うというよりも、ショルダーコピー（商品や企業名の上などに記載されるコピーのこと）的に使うのが有効です。

コピーライターの糸井重里さんは、この3つたたみかけるという手法で名コピーをいくつか残しています。

> くうねるあそぶ。

これは1988年に実施された日産自動車のセフィーロ新発売のキャンペーンコピーです。食べる寝る遊ぶという言葉を組み合わせただけなのに、語呂がよく不思議に印象深いものとなりました。

> 大人も子供も、おねーさんも

> 奇妙で、おもしろい。そして、せつない。

それぞれ、任天堂のゲームソフト「MOTHER 2」「MOTHER 3」のキャッチコピーです。いずれも 3 つの単語がうまく使われている上に、単純に並べるだけではないのがプロの技というべきものです。

(2) 韻を踏む

「韻を踏む」とは、言葉の文頭や文末の「音」を合わせることです。専門用語では「押韻」と呼びます。文頭を合わせることを「頭韻」、文末を合わせることを「脚韻」と呼びます。

音が繰り返されることでリズム感や勢いがうまれます。読み手にとっても心地よくイメージが広がりますし、記憶にも残りやすくなります。

「韻を踏む」という手法は、日本だけでなく、古くから西洋でも東洋でも主に「詩」「歌詞」などで使われてきました。

キャッチコピーでは、この韻を踏むという手法は有効です。

> セブン‐イレブンいい気分（セブン‐イレブン）

> インテル入ってる（インテル）

> あしたのもと、AJINOMOTO（味の素）

それぞれ現在では使われていない企業スローガンですが、新しいものよりも記憶に残っているのではないでしょうか？

> でっかいどお。北海道（全日空）

> バザールでござーる（NEC）

どちらもかなり昔の広告コピーですが、今でも流通していたり記憶に残っている人も多いでしょう。

(3) 対句

対句とは、並べられた２つのフレーズが、形や意味上で対応するように作られた表現形式のことをいいます。リズムがいいのに加えて、お互いのフレーズを際だたせ、引き立てることで印象深いものになります。

対句はことわざや慣用句でよく使われます。たとえば「雄弁は銀、沈黙は金」「聞いて極楽、見て地獄」などのように。

この手法は、タイトルや見出しなどで使うと有効です。

たとえば、スピーチの専門家をあなたの会社に呼んで講演してもらうとします。この「対句」の手法を使ってタイトルを考えてみましょう。

> **原文**　心をつかむスピーチとは？
> ⇩
> **改善**　心をつかむスピーチ、眠りを誘うスピーチ
> 　　　その違いとは？

実際、対句は、書籍のタイトルや雑誌の見出しでよく使われる手法です。2000年代には対句のベストセラーが何冊も出ています。

たとえば、以下のようなものです。

> 『話を聞かない男、地図が読めない女』
> 『金持ち父さん　貧乏父さん』
> 『嘘つき男と泣き虫女』
> 『頭がいい人、悪い人の話し方』

(4) 有名なコピーや流行り言葉をもじる

　有名なキャッチコピーや流行語をもじったフレーズをビジネス文章で使うのは、安易な方法ですが高い効果をあげることもあります。ただし、特に流行語は、時期を間違うと滑ってしまうことも多いので、TPO（時、場所、状況）を見極めてから使いましょう。

　たとえば、あなたが総務部で社員旅行の幹事になったと仮定してください。行き先は沖縄。しおりを制作する時、そのタイトルを考えなければならないとします。普通に「原文」のようにしてもまったく問題はありませんが、少しおもしろく変えたい時など、「改善」のようにしてみてはどうでしょう？

> 原文　沖縄社員旅行のしおり
> 　⇩
> 改善　そうだ　沖縄、行こう。
> 　　　～2014社員旅行ツアー　トラベルナビ～

　いうまでもなく、ＪＲ東海が1993年からずっと続けている京都観光キャンペーンのキャッチコピー「そうだ　京都、行こう。」のもじりです。

　今度は、同じ総務部のあなたが、リクルート向けの「会社案内」を制作していると仮定してみてください。営業部の紹介ページがあ

ります。写真は、営業マンたちが現場で汗を流して受注しているシーンがいくつもあります。そこに合う見出しのコピーを考えてみましょう。

> 原文　我が社の営業部門の紹介
> ⇩
> 改善　売り上げは会議室であがるんじゃない。営業現場であがっているんだ！

こちらは、1998年に大ヒットした映画『踊る大捜査線 THE MOVIE』で主人公の青島刑事が言った名セリフ「事件は会議室で起きているんじゃない。現場で起きているんだ！」をもじっています。

このようにある程度の年月を経て残ってきたようなフレーズであれば大丈夫ですが、中途半端に少し前にブームになった流行語を使うと滑る可能性も高いので気をつけましょう。

2限目で学んだこと

2限目ではどう伝えるか（＝ How to say）のうち、すべての大前提にある考え方と基本3か条について学んできました。
いままでの情報をきちんと定義していくだけでも人の心をつかむワンフレーズを書く力が身に着くはずです。次の時間では、さらにそれをいろいろな型にあてはめて書いていく練習をします。

3限目

相手の心をつかむ

「どう伝えるか」の型を使おう

3限目で学ぶこと

　2限目で学んだ、
「どう伝えるか＝How to say」の基本を元に
具体的な型にあてはめて
最初のワンフレーズを書いていく練習をしましょう。

　繰り返し書いていくことで、
　あなたが書く一行は、相手の心をつかめるようになっていくでしょう。

STEP 1
相手の心をつかむ型を 丸覚えしてしまえ！ 〜その1〜

人の心をつかむ5つの型とは？

　人の心をぐっとつかむ「タイトル」「見出し」「キャッチコピー」などの最初のワンフレーズを書くには、一定の型にあてはめて書くと便利です。
　3限目では、具体的な定型にあてはめて最初のワンフレーズを書く練習をしていきましょう。
　この本には「タイトル」「見出し」「キャッチコピー」など最初のワンフレーズを書くための定型を36集めた特別付録をつけています。これらをすべて覚える必要はありません。大切なのは、2限目で語った原則です。それを踏まえて書くときに、あ、こんな型があるんだと思いついてもらうために作ったものです。文章を書く時、タイトルをつける時などに、ぜひこの付録を参照にしてください。

　この時間はその中でも代表的な5つの定型に絞って、実践練習をしていきますね。
　課題は、1限目の最初に出した文章です。

> デスクの上が散らかっている人が多いので、社内整理整頓キャンペーンを実施します。ご協力よろしくお願いします。

　この文章の最初のワンフレーズを、5つの型で書く演習をしていきます。
　その5つの型とは……

①ターゲットをぐっと絞って呼びかける
②問いかけて心の中で答えさせる
③びしっと言い切る
④具体的な数字を魅力的に入れる
⑤心の底から真剣にお願いする

です。
それぞれ順番に解説したのちに、演習をしていきましょう。

①ターゲットをぐっと絞って呼びかける

　想像してみてください。渋谷のスクランブル交差点で信号を待っているとします。後ろの方から「ちょっとそこのお兄さん」という呼びかけが聞こえてきました（話を単純にするために、あなたを28歳の男性だとします）。さてあなたは振り返るでしょうか？
　振り返る人もいるでしょうが、多くの人は自分のことだとは思わず面倒だし振り返らないのではないでしょうか？
　では、「ちょっとそこのメガネのお兄さん」だったらどうでしょう？　もしあなたがメガネをかけているとしたら、振り返る確率が上がるのではないでしょうか？

「ちょっとそこの帽子をかぶったメガネのお兄さん」だったらどうでしょう？ もし、あなたが帽子をかぶってメガネをかけていたとしたら、さらに振り返る確率は上がるはずです。

文章の冒頭（最初の一文、タイトルや見出し）は、この呼びかけのようなものです。

何を書いて発信する時、できるだけ多くの人に読んでもらいたいと思うものです。だからタイトルや見出しなどでは、できるだけ多くの人に呼びかけるような一行を書いてしまいがちです。

しかし、それでは誰の心にも刺さらない一行になってしまいます。なぜでしょうか？ 「自分」と関係あると思ってもらえないからです。雑踏で「ちょっとそこのお兄さん」と語りかけるようなものですね。呼びかける対象を絞れば絞るほど、その条件にあう人は自分のことだと思って、関心をよせてくれます。

ターゲットの絞り方で一番わかりやすいのは<u>「性別」「年齢」「職業」「居住地」「所属先」「所有物」「身体的特徴」</u>などのいわゆる属性と呼ばれるものです。

この7要素で絞っていくだけでも、受け手に自分と関係があると思ってもらいやすくなります。

以下の見本は雑誌『SPA!』（扶桑社）の見出しです。年齢という属性でターゲットを絞ったものです。

普通　クビにしたい社員の共通点
　⇓
見本　クビにしたい40代の共通点

もし自分が40代の会社員だとしたら、どちらがドキッとする見出しかは明白ですよね。『SPA!』の読者層は40代以上がメインになっ

てきているので、ターゲットを絞っているようで実は絞っていないのです。それでいて「自分のことかな?」と思わせるのに成功しています。

ターゲットを絞って呼びかけた上で、何かの行動を促したり、勧誘したりすると、自分のことだと思った人はスムーズに行動に移ってくれる確率が高まります。

たとえば、以下の見本は、東京中央線の飯田橋駅の改札近くに貼られていたポスターのキャッチコピーです。

> 普通　大学生のみなさま！　口座開設はみずほ銀行へ
> ⇓
> 見本　法政大学のみなさま！　口座開設はみずほ銀行へ

「普通」のように大学生全体に呼びかけても、なかなか自分ごとだと感じてもらえませんが、このように大学名を出されると、もし自分が法政大学に通っていれば、かなり気になるのではないでしょうか？　実際、この飯田橋駅近くに法政大学のキャンパスがあるので、多くの法政大学生が通るのです。おそらく、他の大学近くの駅でも、同じようにその大学名で呼びかけているのでしょう。当然、手間も印刷費もかかりますが、それだけの効果があると踏んでやっているのです。

属性以外のターゲットの絞り方としては、**「悩み」「価値観」「願望」「思想」などの内面的な要素で絞る**という手法があります。

たとえば、以下の見本は雑誌『CREA』(文芸春秋)の見出しです。

> 普通　お腹やせバイブル
> ⇓
> 見本　やせにくい人のための　お腹やせバイブル

「やせにくい」という悩みでターゲットを絞っています。しかしこれも、大人になると多くの人は「自分はやせにくい」という悩みを抱えています。ターゲットを絞っているようで絞っていないんですよね。

たとえば、あなたが生保会社の企画担当で、新しい生命保険を企画したとします。この商品を今まで、生命保険に加入していない層にむけてアプローチしていきたいと考えました。
そんな時、考えがちなのが以下の原文です。

> 原文　まったく新しい生命保険、誕生

しかし、いくら新しさを訴求したところで、そもそも生命保険に強い関心がある人は少数派でしょう。ましてや、今回は今まで加入していない人にアプローチしようとするのですからなおさらです。
いくら大々的に訴求しても「自分には関係ない」と思われてスルーされてしまいます。
そこで「価値観」という要素でターゲットを絞って改善してみましょう。

> 原文　まったく新しい生命保険、誕生
> ⇩
> 改善　「生命保険にまったく関心がない人」のための生命保険、誕生

生命保険にまったく関心がない人でも、ちょっと気になるコピーになっています。
このような**「悩み」「価値観」「願望」「思想」などの要素でターゲットを絞る場合も、「呼びかけ＋行動の促進」というパターンは**

有効です。

　たとえば、社内報でウォーキングの特集記事を書く時の見出しで考えてみましょう。

> 原文　運動不足を解消するためのウォーキング特集
> 　⇩
> 改善　最近、運動不足だなと感じているあなた！
> 　　　一駅前で降りてウォーキングしてみませんか？

「改善」のようにターゲットを絞って呼びかけると、後の行動の促進を抵抗なく受け入れやすくなります。

　さて、ここから演習の時間です。
　もし、本当に力をつけたいと思ったら、紙とペンを用意して実際に考えてみてくださいね。
　1限目の最初に出したテーマを思い出してください。

> **デスクの上が散らかっている人が多いので、社内整理整頓キャンペーンを実施します。ご協力よろしくお願いします。**

　この文面を「ターゲットを絞って呼びかける＋行動を促す」というパターンで、文章の最初の1行を書いてみましょう。

　はい。いいですか。では、実際に私の講義を受けた方の回答をちょっと見てみましょう。

> Aさん：机の上で書類を書くスペースがないあなたへ。
> 　　　　片づけましょう。

　なるほど。ターゲットを絞って呼びかけていますし、そこから具

体的にどういう行動をしてほしいかも書いています。

ただ、受け手のインサイトを考えてみるとどうでしょう?

ターゲットを絞ったことで自分と関係ある情報だとは感じてもらえるかもしれません。しかし、受け手がベネフィットを感じるかどうかは難しいですね。

たとえば、以下のように直すとベネフィットが感じられるようになります。

> 原文　机の上に書類を書くスペースがないあなたへ。
> 　　　片づけましょう。
> ⇩
> 改善　机の上で書類を書くスペースがないあなた!
> 　　　片づけると気持ちよく仕事できますよ。

Bさん:机の上に雑誌を開く場所がない人、何とかしませんか。

Cさん:デスクがアルプス山脈みたいになっている皆さん!
　　　　山をなくして平野にしよう。

こちらもターゲットを絞るのはうまくできていますが、これで受け手に動こうという気持ちが生まれるかは微妙です。

Cさんは比喩を使ってうまく表現していますが、やはり受け手はベネフィットをあまり感じないでしょう。

Dさん:机の上が汚い営業マンのための片づけプロジェクト
　　　　はじめました。ぜひご参加ください。

いいですね。ここまで限定されたら、「机の上が汚い営業マン」

は、自分のことと思わざる得ませんよね。少なくとも、自分に関係があるとは思ってもらえます。さらに限定の仕方を工夫してうまく「ベネフィット」を提示すれば、より参加しようと思う確率があがるでしょう。たとえば以下のように。

> 原文　机の上が汚い営業マンのための片づけプロジェクトはじめました。ぜひご参加ください。
> ⇓
> 改善　机の上を片づけたいけど片づかない営業マンのためのプロジェクトはじまります。みんなで一緒に机の上をキレイにしよう！

Eさん：「今度、パパの会社行きたい！」と言われてしまった。机の上、片づけなきゃ。

お、新しい切り口ですね。子供を持つ、お父さんにとってはちょっとドキッとしますね。

ターゲットとなる営業マンが実際どれだけの割合で子持ちかによりますが、おもしろい限定の仕方ですね。行動の促し方も、上からの命令ではなくモノローグにしているところもいいですね。

この場合、プラスの意味でのベネフィットはありませんが、「子供にいいところを見せることができない」という「ベネフィットの喪失」が提示されています。

ただ、実際に子供が会社に来るというのがリアリティがあるかどうかは、社風によって大きく変わるでしょう。

このようなビジネス文章に絶対的な正解はありません。会社の業種、規模、社員の年齢構成、性別などによっても「正解」は大きく変わります。また告知の方法によっても違います。

たとえば、ポスターにするのか、社内報に載せるのか、回覧板にするのか、ひとりひとりメモで渡すのかによって、効果がある文章は大きく変わるのです。

　一応、私が考えた案を載せておきます。

> どんなにデスクが汚くったって
> 「営業成績さえよければいいんだろ」
> と思っているあなたへ。
> デスクの上が片づくと、さらに成績が上がるらしいですよ。

　机の上を散らかしている営業マンのインサイトを想像して、こんな風に考えている人が多いんじゃないかと類推して書きました。プライドをくすぐりながら、ベネフィットを提示しています。

STEP 2
相手の心をつかむ型を丸覚えしてしまえ！
～その２～

②問いかけて心の中で答えさせる

とある退屈な講演会。あなたは、目の前の講師の話ではなく、別のことを考え始めています。

そんな時、講師と目が合い「あなたはこの問題をどう考えますか？」と問いかけられたとします。あなたはきっと必死で何か答えを探そうとするはずです。

このように、**人間は誰かから何かを問いかけられると「自然と答えを探してしまう」という習性があります**。その習性を利用して、タイトルや見出しなど最初の一行で相手に問いかけることで、自分と関係があると思ってもらいやすくなります。

効果的な問いかけには４種類あります。

「自分ごと」にさせる４つのポイント

(1) 読み手に考えさせる問いかけ
(2) 誰もがついつい「はい」と答えたくなる問いかけ
(3) 仮定しての問いかけ
(4) 親身になって語りかける問いかけ

たとえば、廊下に無駄な会議をしないよう注意するポスターを貼ることになったとします。そんな時、効果的な一行をこの問いかけの4つの型を使って書き直してみましょう。

(1) 読み手に考えさせる問いかけ

> 原文　無駄な会議は減らそう
> ⇩
> 改善　なぜ会議するの？
>
> (読み手の心の声) そういや何のためにこの会議するんだっけ？

(2) 誰もがついつい「はい」と答えたくなる問いかけ

> 原文　無駄な会議は減らそう
> ⇩
> 改善　無駄な会議が多すぎると思いませんか？
>
> (読み手の心の声) そうそう。確かにそうだよね。

(3) 仮定しての問いかけ

> 原文　無駄な会議は減らそう
> ⇩
> 改善　無駄な会議が減れば、その時間を何に使いますか？
>
> (読み手の心の声) 確かに。あの仕事もこの仕事も片づくよね。

（4）親身になって語りかける問いかけ

> 原文　無駄な会議は減らそう
> ⇩
> 改善　会議に時間をとられて、仕事に支障をきたしていませんか？
>
> （読み手の心の声）ほんとそうなんだよ。よく言ってくれた、ありがとう。

「読み手の心の声」はここまで都合よく思ってくれるとはかぎりませんが、原文のようなそのままの呼びかけよりは、相手の心をつかむ可能性が高まります。

ただし、注意してほしい点があります。この「問いかける」という手法は、タイトルや見出しなどでとても使いやすいテクニックです。それだけに**平凡で一般的な問いかけだと、受け手に自分に関係あると思ってもらえない可能性も高まります。**

あなたが仕事の文章でこのテクニックを使う時、問いかけられる受け手の立場になって考えてみましょう。それは何かしら新しい発見がある問いかけでしょうか？　ドキッとするような鋭い問いかけでしょうか？　何か行動に駆り立てるような問いかけでしょうか？

さて、ここから演習の時間です。

> **デスクの上が散らかっている人が多いので、社内整理整頓キャンペーンを実施します。ご協力よろしくお願いします。**

この文面を「問いかける」というパターンで、文章の最初の一行

を書いてみましょう。

　ちゃんと書いてくださいね。制限時間は3分です。

　では、実際に講義を受けた方の回答を見てみましょう。

> Aさん：整理整頓する時間がないから片づけられないと思っていませんか？

　これはタイプで分けると、（2）の"誰もがついつい「はい」と答えたくなる問いかけ"ですね。

　確かにそう思う人も多いでしょう。本文で、「時間がなくても整理整頓をする方法」が書かれていれば、説得力がありますね。

> Bさん：そのデスクの上で食べるお弁当おいしいですか？

　ははは。おもしろいですね。問いかけのパターンとしては（4）の"親身になって語りかける"ですが、目のつけどころはとてもいいです。

　ただ社内文章で回ってきた時の、営業マンのインサイトを想像すると「うるさいな、ほっといてくれ」という気持ちになりそうな気もします。

> Cさん：もし近々異動があるとしたら、そのデスクの上、どうするつもりですか？

　なるほど。問いかけのパターンとしては（3）の"仮定しての問いかけ"ですね。確かに自分のデスクの上に目を向けるきっかけになるかもしれません。

> Dさん：お客様からの電話中、書類が見つからず焦ったことはありませんか？

確かにこれは多くの人に身に覚えがありますよね。これも問いかけのパターンとしては（4）の"親身になって語りかける"ですね。このあと、本文で、すぐに書類が見つかる方法などが書かれていると説得力がありますね。

> Eさん：そのデスク、大好きなあの人に見せられますか？

グサッとくるフレーズですね。問いかけのパターンとしては（1）"読み手に考えさせる問いかけ"です。
確かに何とかしなきゃ、と思う人が多いかもしれませんね。

一応、私が考えた案を載せておきます。

> **あなたのデスクの書類の山が、まわりに迷惑かけてないと本当に思っていますか？**

机の上を散らかしている営業マンのインサイトを想像してみました。問いかけのパターンとしては（1）"読み手に考えさせる問いかけ"です。誰もができれば周りの人から嫌われたくないと思っています。
自分の机のことは「仕事ができてたらいいんだろ」と思っている営業マンも、他人から嫌われるかもという「ベネフィットの喪失」を提示されると、何とかしなくてはと思ってもらえるのではないかと考えたのです。

STEP 3
相手の心をつかむ型を丸覚えしてしまえ！〜その３〜

③びしっと言い切る

　たとえば、あなたが何かしらトラブルに巻き込まれ訴訟を起こされたされたとします。あなたは弁護士に相談しました。この人は信頼できるな、と思うのはどちらの言葉でしょう？

A「大丈夫。勝ちます」
B「たぶん大丈夫じゃないかな。勝てるかもしれません」

　多くの方は前者に依頼したいのではないでしょうか？
　なぜなら、前者の方が自信を感じるからです。人間は、自分が自信を持っていることには言い切ることができます。その結果、気持ちが入って説得力が増すのです（もちろん、実際の力がなければ、後にその説得力は崩壊してしまうことは言うまでもありません）。
　「言い切る」という手法の中にも、細かく分類すると何種類かの型があります。ここでは３種類の「言い切り方」について見ていきましょう。

3種類の言い切り方

> （1）予言して言い切る
> （2）脅して言い切る
> （3）命令して言い切る

　たとえば、あなたがシステム会社の営業マンだったとして、あまり取引のないクライアントに企画提案書を提出するとします。

　そんな時、以下の原文のような普通のタイトルにしても、よほどタイミングがよくないと、中身に興味を持ってもらえません。

> 新システム導入のご提案

　これを上記の3種類の「言い切りの型」を使って、少しでも興味を持ってもらえるようなタイトルに書き換えていきましょう。

（1）予言して言い切る

> 原文　新システム導入のご提案
> ⇓（予言して言い切る）
> 改善　新システムを導入すると、御社の来年度の利益率は3％上がる

　どんな人であろうと確実な未来を予測できる人はいません。だからこそリスクを負って予言して言い切ることで「力を持つ言葉」を産み出せるのです。

　もちろん、予言したことは実現できる可能性があることでないとただのホラになってしまうので注意しましょう。

（2）脅して言い切る

> 原文　新システム導入のご提案
> ⇩（脅して言い切る）
> 改善　今のシステムのままでは、御社は時代に取り残される

人間は**将来手に入るかもしれないはっきりしない利益よりも、今持っている物をなくしたくないもの**です。だから、それがなくなるかもしれないと脅されると、反発しながらも気になります。

これは、健康、お金、若さ、仕事、不動産、愛する人など、人間がなくしたくないものであればあるほど、効果があります。

ただし、あまり品のいい手法ではないので、必要がない時にはむやみに使わないようにしましょう。

（3）命令して言い切る

> 原文　新システム導入のご提案
> ⇩（命令して言い切る）
> 改善　現状で満足なのであれば、
> 　　　新システムは導入しないでください

人間は命令されると、何かしらの反発を感じます。

しかし、勝つチャンスが少ない時や、期待通りに動いてもらえなさそうな時には、あえて命令形にして人の心を刺激するのです。

上の例であげた、「〇〇であれば、××しないでください」というパターンは、否定命令という形で、普通の命令形よりはニュアンスが和らぎます。しかし、効果は高いのでぜひ使ってみて下さい。

さて、ここから演習の時間です。

> デスクの上が散らかっている人が多いので、社内整理整頓キャンペーンを実施します。ご協力よろしくお願いします。

　この文面を「言い切る」というパターンで、文章の最初の1行を書いてみましょう。
　はい。いいですか。では、受講生の回答を見てみましょうか。

> Aさん：デスク上の書類の山からは、あなたの未来は見えない。

　おお、いきなり厳しい言い切りですね。予言でもあり脅しでもあります。もちろん、これを読んだ「デスクの上に書類を山積みにしている営業マン」は、まず反発の気持ちがわくでしょう。
　でもかなり時間がたっても、ずっと気になることは間違いありません。

> Bさん：あなたが片づけられてしまうその前に、
> 　　　　机を片づけてください。

　こちらも強烈です。言い切りの形としては命令です。Aさんのと同じく反発はしながらも、やはり気になる内容になっています。

> Cさん：デスクが汚い人は、確実に嫌われます。

　これもまたストレートです。気になる内容になっていることは間違いないですね。

> Dさん：机の上がきれいな人が私は好きです♡
> 　　　　総務部　佐々木望美

こうきましたか。確かにこんな風に言い切られると「片づけなさい」と言われなくても「ちょっと片づけようかな」と思ってしまうかもしれません。予言でも脅しでも命令でもないパターンですね。前2つとは北風と太陽のような関係です。実際どちらが効果があるか試してみたいですね。

一応、私が考えた案を載せておきます。

> **あなたが書類を探す時間に、給与は払いたくない。**
> 　　　　　　　　　　　　　　　代表取締役社長
> 　　　　　　　　　　　　　　　鈴木太郎

どうでしょう？　脅しの型の言い切りです。会社の規模や社長との関係によっても大きく変わるでしょうが、こんな風に言われるとちょっとドキッとしませんか？

STEP 4
相手の心をつかむ型を丸覚えしてしまえ！
〜その4〜

④具体的な数字を魅力的に入れる

以下の文章をちょっと比べてみてください。どちらがその広さを実感できるでしょう？

A「W杯が開催されるブラジルは日本よりとても広い国です」
B「W杯が開催されるブラジルは日本の約23倍の広さです」

答えはいわずもがなの後者ですよね。抽象的な表現が具体化されるのでイメージがわきやすくなるのです。

次のふたつの文章はどちらが説得力があるでしょうか？

A「とても甘い桃です」
B「平均糖度14.2度のとても甘い桃です」

こちらも後者ですよね。人間には**「数字は嘘をつかない」**という思い込みがあります。何かを伝えようとする時、具体的な数字を入

れると信頼性が増し、同時に説得力が増します。

　なので文章のタイトルや見出しはもとより、文中でも抽象的な表現を可能な限り具体的な数字に変換するだけで、人の心をつかみやすくなるのです。

　数字の入れ方は細かく分けるといくらでも手法がありますが、以下の型を知っておくといいでしょう。

具体的な数字を入れる6つの方法

(1) かかる時間を数字にする
(2) 調査データを詳しい数字にする
(3) 抽象的な言葉を具体的な数字にする
(4) 数字の単位を変える
(5) ランキングにする
(6) 法則化してまとめる

(1) かかる時間を数字にする

原文　とっても簡単な料理
⇓
改善　10分でできる簡単クッキング

原文　わずかな時間で登録できます
⇓
改善　1分で登録完了

（2）調査データを詳しい数字にする

> 原文　日本人の多くが
> ⇓
> 改善　総務省の統計によると日本人の85.7%が

> 原文　当商品は今まで約3000人の方にご利用いただています
> ⇓
> 改善　当商品は今まで3027人の方にご利用いただいています

（3）抽象的な言葉を具体的な数字にする

> 原文　豊富な品揃え
> ⇓
> 改善　100種類以上の品揃え

> 原文　限定ランチ
> ⇓
> 改善　1日10食限定のランチ

（4）数字の単位を変える

> 原文　50杯入りで950円
> ⇓
> 改善　1杯19円

> 原文　1錠あたり200mg配合
> ⇩
> 改善　1日の摂取量1800mg

(5) ランキングにする

> 原文　大学生協でよく読まれています
> ⇩
> 改善　東大・京大生協でランキング1位

> 原文　店長のおすすめ
> ⇩
> 改善　熱血店長鈴木のおすすめナンバー1

(6) 法則化してまとめる

> 原文　通勤電車を楽しくする方法
> ⇩
> 改善　通勤電車で遊ぶ7つの方法

> 原文　お客さんがリピーターになる接客法とは
> ⇩
> 改善　思わずリピーターになってしまう接客の法則5カ条

さて、ここから演習の時間です。

> **デスクの上が散らかっている人が多いので、社内整理整頓キャンペーンを実施します。ご協力よろしくお願いします。**

この文面を「数字を入れる」というパターンで、文章の最初の1行を書いてみましょう。

それでは、早速受講生の回答を見てみましょう。自分のものと比べてみて下さい。

> Aさん：机の上の書類の85パーセントは必要ない。

直球ですがいいですね！

85パーセントに調査的な根拠はなくても、何となく説得力のある数字です。

> Bさん：書類を探す時間を短縮すると、
> 　　　　家族と一緒にいられる時間が1日増えます。

なるほど。受け手のベネフィットを"家族と一緒にいられる時間"と設定したんですね。目のつけどころはいいです。ただ1日増えるというのが、何に対してなのかが少しわかりにくいですね。たとえばより具体的にしてみたらどうでしょう？

> 原文　書類を探す時間を短縮すると、家族と一緒にいられる時間が1日増えます。
> 　⇩
> 改善　書類を探す時間を1日20分短縮すれば、子供と一緒にいられる時間が1カ月で8時間増えます。デスクの上、片づけませんか？

> Cさん：机がきれいになると……社長からの評価２倍、
> 　　　　同僚からの人気５倍、あなたの魅力は10倍アップ！

　いいですね。倍数に根拠はなくても、受け手にとってはベネフィットが具体的に提示されているような気になります。
　３つたたみかけるという手法で、勢いもあります。

　一応、私が考えた案を載せておきます。

アンケートの結果、当社の女子社員の92％が
「机の上が汚い人とは関わりたくない」と答えています。

　"調査データを詳しい数字にする"という手法を使っています。

STEP 5
相手の心をつかむ型を
丸覚えしてしまえ！
〜その5〜

⑤心の底から真剣にお願いする

人は真剣にお願いされると弱いものです。

特によく知っている人からのお願いや、大きな目的のためのお願いをされると、ついつい「うん」「いいよ」と言ってしまった経験、きっとあなたにもあるはずです。

個人的な関係でなくても熱意は伝わります。たとえば、街の酒屋で地方の酒蔵の日本酒に以下のようなPOPがついていたとします。

ワケあり商品につき30％オフ

これはこれで、買おうとする人がいるかもしれません。でもなんのワケがあるのかわからないですよね。実は、発注を一桁間違って仕入れてしまったため、早く売りさばく必要があったとします。だったら以下のように、心の底から本気でお願いしてみましょう。

> 原文　ワケあり商品につき30％オフ
> ⇩
> 改善　10本のつもりが間違って100本仕入れてしまいました(泣)。
> 助けると思って買ってくださいお願いしますっ!!
> お礼に利益をなくして３割引きにします。
> でも、味は抜群にいいんですよ、ほんと。
> 飲めばびっくりしますよ、マジで。
> (だから仕入れてみようと思ったんです)

どうですか？

まったく知らない店じゃなかったら、「仕方ないな。買ってやろうかな」と思うのではないでしょうか？

テレビＣＭなどの広告は、本音はすべて「買ってください」というメッセージにつきます。

社内文章は、極言すればすべて「私がお願いする通りにしてください」というのが本音です。

しかしそのままストレートに訴求しても、なかなかその通りにしてくれません。だから本書で述べているようないろいろなテクニックを駆使して動いてもらうようにしむけるわけです。

ただ、ここぞという時には、ストレートに心の底から真剣にお願いしてみるのも効果があります。

ひとつ気を付けたいのは、何度も使うと「またか」と思われ、効果はどんどん薄れていくということ。そして本当にここぞという時には効果を発揮しません。「狼が来たぞ〜」と何度も言ったために、本当に狼が来た時には誰も助けに来てくれなかった羊飼いの少年のように。

さて、ここから演習の時間です。

> デスクの上が散らかっている人が多いので、社内整理整頓キャンペーンを実施します。ご協力よろしくお願いします。

　この文面を「心の底から真剣にお願いする」というパターンで、文章の最初の一行を書いてみましょう。回答時間は3分です。

　はい。いいですか。では、受講生のみなさんの回答を見てみましょう。

> Aさん：あなたの机の上汚いです。片づけてください。

　直球で気持ちいいですね。ここまでストレートに言われたら「仕方ないな」と思ってもらえるかもしれません。

> Bさん：どうせお互い社長にはなれないんだから、せめてデスクの上くらいキレイにしようよ。

　ロジックはよくわかりませんが、何となく苦笑して片づけてくれそうな気もしますね。

> Cさん：私のお願いき・い・て♡　デスクの上を片づけてほしいの……

　これはどうなんでしょうね（笑）。
　効果は、社風や発信者が誰かによっても大きく変わってくるかもしれませんね。

　一応、私が考えた案を載せておきます。

> あなたが机の上を片づけてくれないと、私たちが社長から怒られます。
> だから片づけてください。本当に本当にお願いします。
> 　　　　　　　　　　　　　　　社内整理整頓プロジェクト一同

いかがだったでしょう?

5つの表現型を使って、うまく書けましたか?

これをマスターしたら、特別付録1にあるいろいろな型で書くことにチャレンジしてみましょう。さらにいろいろな発見があるはずです。

繰り返しになりますが、型はすべて覚える必要はありません。

大切なのは基本となる考え方。

必要な時に、手元において参照にしながら書いてみてください。

3限目で学んだこと

3限目では、いろいろな型にあてはめて心をつかむ一行を書く練習をしてきました。さらに同じ課題を特別付録に取り上げた型で書いていくと「強い文章力」がどんどん向上していくでしょう。

さて、3限目までは、タイトル・見出しなど、文章の最初の一行でのつかみ方をお話してきました。

4限目では、具体的な仕事の場面での文章術について解説していきます。

4限目

仕事は「言葉」で決まる

人を動かす「文章術講座」

4限目で学ぶこと

1〜3限目で習ったことを踏まえながら
実際の仕事の場面で
どのような文章を書いていけばいいのか、
を学んでいきます。
今まではタイトル・見出しが中心でしたが、
文章の中身についても語っていきます。

STEP 1
読んだ人が動きたくなるビジネス文章術

仕事を前に進ませるための文章術

　この本の冒頭にも書きましたが、重要なことのでもう一度質問しますね？ **あなたの仕事がうまく前に進んでいくために、一番大切なこと**って何だと思いますか？

スキル、情熱、能力、営業、情報収集、段取り、人脈、人間関係、コミュニケーション力……

　どれも必要な要素ではありますね。けれど、私はこれが一番大切だと考えます。

「相手を本気にさせること」です。
　もう少しかみ砕いて言うと、
「あなたが働きかける社内外の相手が、その提案を実現させようと本気で思ってくれること」です。

　ビジネスはひとりで何かを成し遂げられるということはほとんど

ありません。誰かの力が必要です。そんな時、社内や社外の相手を本気にさせることができたら、多くの仕事は前に進んでいきます。

社内であれば、上司・部下・同僚・役員・経営者。社外であれば、得意先、取引先、お客さんなどです。

相手を本気にさせる時の大きな武器が「言葉」であり「文章」なのです。

つまりこういうことです。

あなたの文章(言葉)に反応して、相手が本気なって行動してくれると大抵の仕事はうまくいく。

それは多くのビジネス文章で共通の原理です。

もちろん例外はあります。正確さが必要とされる契約書や報告書。簡潔さがよしとされる依頼状、送付書、承諾書などの文章などがそうです。

そのような文章はネットで検索すれば、テンプレートが載っています。それに沿って書けばいいでしょう。

でも、そのような文章で人の心を動かすことはありません。極言すると誰が書いても同じなのです。

この時間では、特に人の心を動かして行動に導く必要がある文章について具体的に語っていきますね。

まずは、個別の文章について説明する前に、すべてのビジネス文章について共通の原則を確認しておきましょう。

相手を本気にさせるためには、あなたが書く文章に納得してもらわなければいけませんね。

どんな文章を書けば、人は納得してくれるでしょう?
その方法を二千年前に発見してくれた人がいます。
それが、アリストテレスさんなんです。

4限目
仕事は「言葉」で決まる
人を動かす「文章術講座」

STEP 2
相手を説得させる文章の書き方

アリストテレスの説得の3原則とは？

アリストテレスのことを知っていますか？

名前は聞いたことあるけど……という方が多いと思います。高校の倫理や世界史の授業で出てきたことをかすかに覚えているくらいでしょうか？

このアリストテレス、プラトンの弟子で西洋最高の哲学者のひとりと言われている人です。またいろいろな学問に手を出しては体系化し、万学の祖と呼ばれています。

そんなアリストテレスの数多くの著作の中に『弁論術』という本があります。その中に「言葉で人を説得するための三原則」が書かれいるんですね。

この三原則、二千年以上たった今でも、そのまま通用するスゴイ原則なんですよ。人間ってどんなに時代が変わっても、本質的には変わらないってことですね。

アリストテレスの説得の3原則
①ロゴス

②パトス
③エトス

「ロゴス」は英語の Logic（ロジック）の語源です。論理・理屈・理性という意味です。
「パトス」は英語の Passion（パッション）の語源です。情熱・熱意・共感という意味です。
「エトス」は、英語の Ethics（エシックス）の語源です。信頼・人徳人柄・倫理という意味です。
　つまりこういうことです。

①ロゴス＝論理
②パトス＝情熱
③エトス＝信頼

　ロゴスは、理論だててロジカルに相手を説得すること。
　パトスは、熱く語って熱意で相手を説得すること。
　エストは、信頼してもらうことで相手を説得すること。

　この３つの説得の要素が含まれていると、人は自ら動きたいと思う可能性が高まるのです。よくある失敗は、どれかひとつの要素で説得しようとしてしまうことです。たとえば以下の例のように。

　あなたがある NPO の代表だったと仮定してみてください。あなたはある発展途上国に学校を建てるプロジェクトを実施していて寄付金を集めてこなければなりません。
　そんな時、どんな言葉でお願いしたらいいでしょうか？
　ロゴス、パトス、エトスのそれぞれの方向で文章を書いてみましょう。

①ロゴスでの説得例

「A国には小学校に通いたくても通えない子供たちが25.6％もいます。このプロジェクトの寄付が集まればA国に小学校を10校建設することができ、通えない子供たちの割合を20％以下にすることができるので、寄付をお願いします」

②パトスでの説得例

「私は何度もA国に行っていますが、子供たちが本当にひどい状況におかれているんです。小学校に通いたくても通えない子供たちが大勢います。もう黙っていられません。その子たちを何としても救いたいんです。ぜひ寄付をお願いします！」

③エトスでの説得例

「私たちの団体は『地球上のすべての子供たちが学校に通える世界をつくる』を理念に活動してきました。これまでB国C国で小学校を建設し、１万人以上の子供たちが学校に通えるようになりました。今度はA国でも小学校の建設に着手するので、寄付をお願いします」

　どの説得も一長一短あることがわかるはずです。
　ロゴス、パトス、エトスの３要素のうち、ひとつの要素で説得しようと思ってもなかなかうまくいきません。３つの要素すべて含まれていて、はじめて人は説得され自ら動こうと思うのです。
　以下に３要素を入れた説得例を書いてみました。３要素がすべて入っていることで説得力が増しているのがわかるでしょう。

> **ロゴス・パトス・エトスを含んだ文章例**
> 「私たちの団体は『地球上のすべての子供たちが学校に通える世界をつくる』を理念に活動してきました。これまでB国C国で小学校を建設してきましたが、今度はA国でも着手します。私は何度もA国に行っていますが、子供たちが本当にひどい状況におかれているんです。小学校に通いたくても通えない子供たちが25.6％もいます。もう黙っていられません。このプロジェクトの寄付が集まればA国に小学校を10校建設することができ、通えない子供たちの割合を20％以下にすることができます。その子たちを何としても救いたいんです。ぜひ寄付をお願いします！」

何を言ったかより、誰が言ったかの方が重要

ビジネス文章ではロゴス、すなわち論理が優先されがちです。確かにロゴスは重要です。しかし、論理だけでは人は動きません。パトス、すなわち熱意が必要になってきます。ところが困ったことに、パトスだけでは空回りしてしまいます。

つまり、**ロゴスとパトスがバランスよく含まれた上で、エトス（＝信頼）が必須なのです。**どんないいことを言ってもエトスがないと相手は本気になってはくれません。

ビジネスにおいては、文章や発言の内容もさることながら、誰が言った言葉かの方が重要視されることが多いのです。

たとえば以下の言葉を見てください。

> **ハングリーであれ、馬鹿であれ。**
> **　　　　　　　　　スティーブ・ジョブズ（アップル創業者）**

　皆さんもおそらくご存知のはず。

　アップルの創業者スティーブ・ジョブズがスタンフォード大学の卒業式に来賓として招かれた時のスピーチで、ラストシーンに語った名言です。（原文は Stay Hungry. Stay Foolish）。

　これがたとえば、別の人が語っていたとしたらどうでしょう？
　たとえば以下のように。

> **ハングリーであれ、馬鹿であれ。**
> **　　　　　　　　　　　鈴木太郎（48歳　フリーター）**

　どう考えても「名言」とは言えないですよね。すなわちこういうことです。

「言葉は、中身や内容よりも、誰が言ったかの方が大切」。

　会社の会議などでも同じです。

　一般的に役職のある人間やキーマンが言った言葉は、重要視されます。逆に同じことを新入社員や信頼されていない人間が言ったとしても軽く流される場合が多いということは、皆さんも身をもって感じているはずです。

　文章は内容だけではなく、語っている人の信頼性（エトス）が重要な要素になってきます。信頼性というのは単に社会的地位や立場だけをさすのではありません。話者と受け手の人間関係による部分も大きな比重をしめます。**地位や立場が低くても「こいつの言うことであれば聞いてやろう」と思わせる何かがあれば、エトスの要素は満たされている**ことになります。

もしエトスが不足しているとしたら、その分、ロゴスやパトスで取り返すしかありません。ただそれは簡単ではありません。

　ではここからは、個々の場面でのビジネス文章術について解説していきます。どんな場面であっても、今までお話してきた基本は共通です。それに付け加えて、個々の場面に応じた文章術をお話していきましょう。

なぜ、この「ビジネス文書」を取り上げるのか？

　ここでは、人を動かす文章として代表的な**「ビジネスメール」「企画書」「プレスリリース」**を取りあげていきます。

　なぜこの3つを取り上げるかは理由があります。
　まずビジネスメール。
　ビジネスメールは仕事をしていく上でとても重要なものにもかかわらず、きちんと習うことはあまりありません。習ったとしても通り一遍のマナー的なものばかりです。人を本気にさせるようなメールが書ければ、あなたの仕事人生は大きく変わっていきます。

　次に企画書。
　本書を手に取った方の多くは、何かしらの企画書を書く機会が多いではないかと考えたからです。あなたが考えた企画が実現するか否かは、企画書によって決まります。企画書は当然中身が肝心ですが、**何よりも「つかみ」が重要**。そのあたりのことをお話するために取り上げました。

　最後にプレスリリース。

自分は広報ではないからプレスリリースは関係ない、と思っている方もいるのではないでしょうか？　しかし、それは間違っています。なぜならメディアに取り上げてもらえるようなプレスリリースを書く能力を身につければ、ほとんどのビジネス文章で相手の心を大きく動かすことができるからです。

　プレスリリースは通常のビジネス文章に比べて、ある大きな要素が必要となってきます。この要素がなければ、どんなにうまい文章を書いても、プレスリリースはメディアに取り上げてもらえません。この大切な要素を常に意識できるようになれば、他のビジネス文章を書くとき（たとえば上記のメールや企画書）に、大きく役立ちます。

　では、まずはメールからみていきましょう。

STEP 3
あなたのビジネス人生を左右するメール文章術

普段メールと勝負メールを書き分ける

今や、ビジネスにおける多くの連絡がメールによってなされるようになりました。メールは頻繁に使うが故に、大きなアピールにもなりますし、逆アピールになってしまう可能性もあるツールです。

マナーにとらわれて、堅苦しいだけのメールを送ってしまうのはとてももったいないこと。かといって、いつもいつも肩に力が入ってアピールするようなメールでは受け取った方が疲れます。

ビジネスメールは「普段メール」と「勝負メール」に分けて考えましょう。

> **普段メール**
>   ＝社内をはじめ、仕事でよくメールを送る人に対するもの
> **勝負メール**
>   ＝ビジネスで勝負をかけるときのもの。難しい提案や、無理めな相手に仕事の依頼を送るときのもの

普段メールと勝負メールでは、メールを書くときの考え方がまっ

たく違います。

　普段メールは、メールのマナーでよく言われているようなことを守るのが基本です。できるだけシンプルに、わかりやすく書く。たとえば「できるだけ短く」「結論は先に書く」「1メール1用件」などといったことです。
　しかし勝負メールを送る場合、この基本を守るだけでは勝負になりません。普段メールのようなシンプルな形では相手の心を動かせないからです。ちょっと無理かなというような相手に特別な依頼を送る場合はなおさらです。

　正しい、正しくないにこだわりすぎるのは逆効果です。正しくてもおもしろくないメールより、間違っていても心に残るメールを送るほうが、効果がある場合が多いのです。**マナーにこだわりすぎると、その他大勢の仲間入り**。印象に残ること、相手の感情を動かすことが大切です。
　必要以上にへりくだるのも、印象を悪くするだけ。もちろん最低限のマナーが必要なのは言うまでもありません。

勝負メールも、ロゴス、パトス、エトス

　勝負メールを送る時に、思い出して欲しいのが前の項で説明した「アリストテレスの説得の3原則」です。そう、ロゴス、パトス、エトスです。

> ロゴス（論理・理屈）⇒「なぜ、あなたにこれをお願いするか？」
> パトス（情熱・熱意）⇒「どんな熱い思いでこのお願いをあなたにしているか？」
> エトス（信頼・人柄）⇒「私はどんな人なのか？」（あなたや会社の実績、メール全体から感じられるあなたの人柄や誠実さといった部分）

　これらの3要素がしっかり届いてこそ、相手ははじめて心が動きその案件について検討してみようかなと思うのです。

　一般的に「ロゴス」はそれなりにきちんと記述する方が多いでしょう。この理屈の部分だけでも相手が受けるメリットが大きければ、ひょっとしたら成功するかもしれません。しかしそうでない案件の場合、「パトス」と「エトス」が重要になってきます。

　いかにこのプロジェクトに情熱を注いでいるか、いかに自分や会社が信用に値するかを感じてもらわなければなりません。パトスとエトスは密接に関連しています。そもそもメールの差出人のことを信頼できなければ、どんなに情熱があっても心に響きません。

**　勝負メールを送る時は、文面にきちんと「ロゴス」「パトス」「エトス」が書かれているか、送る前に必ずチェックしましょう。**

　あなたが売れっ子のビジネス書作家だとします。多くの依頼がありなかなかすべてを受けることができない。
　そんなとき、以下のAとBの2通のメールをほぼ同時に受け取ったとしましょう。どちらの相手と仕事をしたいと思うでしょう。

📧 Aのメール

上川哲夫様
はじめまして。お世話になります。
小集出版の高橋と申します。
私は現在、『心をつかむ文章の書き方（仮）』という書籍企画を考えております。

「文章術」といいますと、ビジネス書の定番テーマではありますが、
上川様のお力を借りることで「新しさ感」のある文章術の本がつくれるのではないかと思い、不躾ながらメールにてご相談を差し上げた次第です。

勝手なお願いを申し上げて恐縮でございますが、
もしよろしければ一度、直接お目にかかって、企画についてご相談をさせていただけないでしょうか。

ご多忙のところ誠に恐れ入りますが、ご検討を賜りましたら幸いです。
何卒よろしくお願い申し上げます。　小集出版　高橋

✉ Bのメール

上川哲夫様
こんにちは、はじめてメールをさせていただきます、
私は談光出版で、書籍の編集をしております山口と申します。

実はこのたび、上川さんの『自分の言葉で語る方法』を大変面白く拝読致しまして、是非とも当社にてご出版のお願いをしたく、ご連絡をさせていただきました。

私は、以前から「文章の書き方」というテーマの本を実現させてたいと思っていました。
なぜなら私自身「文章の書き方を学びたい」！という切実な思いがあったからです。そのためいろいろな文章術の本を読みましたが、どうもピンとこないんてす！
私は正しい文章の書き方ではなく、勝負できる文章、実践のための書き方に興味があったからです。

そんな中、上川さんの本と出逢い、これだ！と、（勝手ながら）感激しました！　御本に書かれている思考法を得て、勝負できる文章が書けたら……と想像すると、ワクワクしてきます！
とはいえ、上記は、私の勝手ながらの内容案ですので、
まずは、上川さんのご意見をお伺いしたいと思っております。
どうぞご検討をいただけましたら、とても嬉しいです。

最後に、ご参考までに、私が一年以内に担当させていただいた本の一部をご案内申し上げます。
『会話力を磨け』（伊藤一郎）
『最もおもしろい計算の本』（山本啓）

> 　　　：
> 長いメールとなり、本当に失礼をいたしました！
> 一緒に面白く売れる御本を作らせていただけますことを、楽しみにしております。
> 最後まで読んでいただき、有難うございました。
> 談光出版　山口

　どちらの相手と仕事をしたいと思うでしょう。
　おそらく多くの人がBを選んだのではないでしょうか？

　Aのメールをもう一度見てみてください。
　この文面では、
「なぜ自分が書かなきゃならないか（ロゴス）」
「どうしても書いて欲しいという熱意（パトス）」
「この人はこんな仕事をしているから信頼できそう（エトス）」
　どれも感じられないのです。受け手からすると「この人は自分のことをどれくらい知っているのだろう？　過去の本を読んだことがあるのだろうか？」と思ってしまいます。ますますエトスを感じにくくなります。

　一方、Bのメールはどうでしょうか？。ロゴス、パトス、エトスがバランスよく書かれていることがわかるでしょう。受け手からすると「どうして頼んできたのか？」がわかるし、熱意も伝わってくるし、どんな本を手がけてきたかも書かれているのが、信頼することができます。
　このようなメールを書ければ、いざという時の「勝負」に勝てる確率が上がります。

普段メールで距離を縮める

　勝負メールのことを書いてきましたが、もちろん普段メールも重要です。回数で言うと圧倒的に多いですからね。ここでは簡単に普段メールの書き方にも触れておきましょう。

　一般的にビジネスメールは簡潔で的確なのがよしとされています。しかし簡潔に用件のみ書きすぎると、ぶっきらぼうで手を抜いているような印象を与えてしまうことがよくあります。
　ビジネスメールであっても杓子定規の堅苦しい文面のものより、ある程度、やわらかく愛嬌のある文面の方がお互いの距離が縮まり仕事もスムーズに運ぶ場合が多いのです。これはもちろん、相手との距離感や関係性にもよりますが。

　たとえば、**感謝や喜びなどの感情表現は、メールでは何割増しかで書いたほうが相手には伝わります。**
「ありがとうございます」よりも「ありがとうございます！」。本当に感謝したい時は、相手と場合によっては**「ありがとうございます！！！！！」**くらい書いてもいいでしょう。

　本文でそこまで崩せないとしても、追伸の形で、会って話した時に盛り上がったネタやプライベートな話題を入れたりするのも一手です。
　たとえば

「追伸　先日〇〇さんがオススメしていたラーメン屋さんに行きました！　あのスープは絶品ですね」

などといった風に。それだけでも、相手との距離がぐっと縮まります。
　また、口ではなかなか言えないことをメールでほめるのもサービスになります。特に普段ルーティンでやっているような仕事で、改めて相手をほめると効果があります。
　たとえば

> **「いつも斉藤さんの的確なアドバイスには感謝しています」**
> **「会議での中川さんの発言にはいつも助けてもらっています」**

　などといった風に。ちょっとした言葉でほめられると相手はうれしいものです。

　このようなことは、ビジネスメールの教科書的には「失礼」にあたるのかもしれません。確かに「失礼がない」というのはある程度は必要なことです。しかし失礼を恐れるあまり、送り手のキャラクターをまったく感じられないようなメールでは、ほとんど印象に残りません。

STEP 5
相手を本気にさせる企画書とは？

4限目　仕事は「言葉」で決まる　人を動かす「文章術講座」

企画書はあなたのビジネスを切り開く道具

　この項目を読んでいるあなたは、おそらく何かしらの企画を立てて、それを提案する機会が多いのではないでしょうか？
　まず、企画書とは何か？
　それは、**企画を相手にわかりやすく伝える道具**、です。
　たとえあなたが考えた企画が素晴らしいものであっても、うまく文章になっていなければ相手に伝わらず、当然、相手の心は動きません。いくらいい企画でも、相手の心に火をつけることができなければ、絵に描いた餅です。

　企画書に決まったフォーマットはありません。ルールもありません。極端な話、真っ白い紙に一行だけの企画が書いてあっても、それで相手を本気にさせることができれば立派な企画書です。ではどのようにすれば、相手を本気にさせる企画書を書けるようになるのでしょうか？
　まず企画書を書く前に以下の３つのポイントを考えましょう。

企画書を書く前に考えるポイント

①誰にどんな行動をとってほしいか？
②そのために何を書くべきか？
③どのような表現をすれば相手の心が動くか？

順番に見ていきましょう。

①誰にどんな行動をとってほしいか？

これは企画書のそもそもの目的です。

「誰にって、提案する相手に決まっているだろ？」と思ったあなた。本当にそうですか？

提案する相手本人にその企画を実行するかどうかを決める決定権がありますか？　その上司に、ひょっとしたらそのまた上司に決裁を仰がなければ決定できない案件の方が多いのではないでしょうか？

そうなんです。**企画書は、提案する相手に決定権がある場合とない場合で、書き方が変わってくる**んです。

提案する相手に決定権がある場合は、目の前の相手が本気になれば目的は達成されます。

アリストテレスのロゴス、パトス、エトスで言うと、どれかの要素が不足していても、話し言葉で補うことができるのです。状況によっては話し言葉が主で、企画書が従のこともあります。

しかし、提案する相手に決定権がない場合は、話し言葉で補完することはできません。その企画書で、担当者が上司に説明しなければならないのです。ということは、その企画書を読むだけで、ロゴスもパトスもエトスもしっかり感じることができるようにしておかねばならないということです。

「どんな行動をとってほしいか？」に関しては、一般的には企画を

採用してほしいということです。

②そのために何を書くべきか？
③どのような表現をすれば相手の心が動くか？

②と③は What to say と How to say のことです。

相手の「インサイト」を思い浮かべ、どのようなベネフィットを提示するといいかを考え続けます。すると何を語るべきか（＝ What to say）とどう語るべきか（＝ How to say）が浮かび上がってくるはずです。

そうやって書いた企画書は、今までよりも大幅に採用される可能性が高まるはずです。

企画書はタイトルが9割

企画書で重要なのは、まずは表紙。人間でいうと顔と言える部分ですから、印象のかなりの部分が決まると言えます。

中でも「タイトル」は、とても重要です。理由は3つあります。

タイトルが重要な3つの理由

①タイトルによって、相手が内容に興味をもつかどうかが決まる
②タイトルがおもしろい企画書は内容もおもしろい確率が高い
③企画書を書くあなたが、内容や目的を明確にするため

この3つの理由はすべて連動しています。

「企画書はタイトルが9割」というのは、単にタイトルで惹きつけることだけを指しているのではありません。タイトルにこだわることで、「自分の書く企画書の何が肝なのか」を考えられるのです。

「〇〇〇についてのご提案」という普通のタイトルだと、焦点がぼやけついつい一般的なことばかりを語ってしまいがちです。

一方、「焦点をしぼってタイトルにこだわって書いた企画書」は、当然ながらわかりやすくおもしろいものになる確率が高くなります。企画者の言いたいことや想いの核心がその一行に集約されているからです。

そんなタイトルを見た相手は、自然とその企画書に興味を持つようになるのです。興味を持つと心が動き、行動する可能性が高まります。

この３つの理由をすべて合わせて「企画書はタイトルが９割」なのです。

放送作家の小山薫堂さんは、（2003〜2004年）の「お厚いのがお好き？」という深夜番組を企画しました。マキャベリ『君主論』、ニーチェ『ツァラトゥストラはかく語りき』、プルースト『失われた時を求めて』、キルケゴール『あれか、これか』など、名前は聞いたことはあるけれどほとんどの人が読んだことのないような厚くて難解な本を、わかりやすいたとえを使っておもしろおかしく紹介するという番組の企画です。

小山さんは、企画書の表紙に、次のような一行を書きました。

君はキルケゴールも読んだことがないのか？

普通ならば「深夜新番組のご提案」というようなタイトルが一般的でしょう。それがこのタイトル代わりの一行で、読み手を強く挑発しました。

多くの「キルケゴール＝名前は聞いたことはあるけど難しそうで読んでない」人たちは、好奇心をくすぐられたのです。

「うちはカタい業界だから、テレビ番組の企画書のようにはできない」と思っている方もいるでしょう。

そんな場合は、タイトルは普通にしておいて、サブタイトルやキャッチコピーをつけるという方法があります。逆に、タイトルを惹きつける強い言葉にして、サブタイトルで「〇〇のご提案」とするとい手もあります。

具体的なタイトルのつけ方は、特別付録の36の型を参照してください。ここでは、その中から5つの型を使って企画書のタイトルを演習していきましょう。

3限目と同じように、システム会社の営業マンが、あまり取引のないクライアントに企画提案書を提出するとします。

> 原文　新システム導入のご提案

次の5つの表現で言い換えていきましょう。

①言い切る
②問いかける
③具体的な数字を挙げる
④利用者に語ってもらう
⑤一般の常識と反対のことを言う

> 原文　新システム導入のご提案
> 　⇓（言い切る）
> 改善　このシステムを導入しない会社に未来はない

原文　新システム導入のご提案
　⇓（問いかける）
改善　今のままのシステムで御社の未来はバラ色ですか？

原文　新システム導入のご提案
　⇓（具体的な数字を挙げる）
改善　このシステムを導入したA社では、
　　　利益率が2.3%上がりました。

原文　新システム導入のご提案
　⇓（利用者に語ってもらう）
改善　新システムを導入するだけで、こんなに利益率がアップするなんて驚きました。（〇〇社総務部長　山田様）

原文　新システム導入のご提案
　⇓（常識の逆のことを言う）
改善　シテスムだけを変えても、実はなにも変わりません

どうでしょう？
　普通に「〇〇のご提案」とするよりは、相手に興味を持ってもらいやすいものになっているでしょう。

企画書の序破急

　タイトルが決まったら、あとは本文です。
　企画書に決まったフォーマットはありませんが、一般的にわかりやすい構成案を書いてみました。参考にしてみてください。
「序破急」とは、能などで、脚本構成上の3区分のことを言います。「序」は導入部、「破」は展開部、「急」は結末部です。

企画書の構成
序　企画の判断基準を示す
破　現状の問題点を洗い出し、チャンスに変えるポイントを提示
急　具体的な提案

「序」でやるべきことは、この企画書がどのような判断基準で書かれているかということを明確にするということです。言い方を変えると、発信側と受け手が「世界観を共有する」ということです。
「破」では、現状の問題点と洗い出して、問題点をチャンスに変えるポイントを提示します。それによって、企画が実現するといいことが起こるような匂いを感じられるようになります。
「急」では、具体的な提案をします。
　さらに、最後に、企画書を読んで疑問が出てるような事項に対しては、Q&A方式での回答を付け加えておくといいでしょう。

　企画書ができあがったら、以下のポイントをチェックしてみてください。すべてが満たされているとしたら、通る確率が高い企画書になっているはずです。

企画書のチェックポイント

☐表紙だけで中身を知りたいと思うものになっているか？

☐それぞれのページに心をつかむフレーズが入っているか？

☐相手のインサイトから導かれたベネフィットがちゃんと提示されているか？

☐ロゴス、パトス、エトス　それぞれの要素が入っているか？

☐できるかぎり簡潔でシンプルな表現になっているか？

STEP 5
メディアが思わず取り上げたくなるプレスリリース

プレスリリースに不可欠な要素とは？

　プレスリリースとは、自社の商品、サービス、イベントなどの広報のために報道関係者に向けて送る資料のことを言います。何のために送るかと言うと、相手のメディア（新聞、テレビ、雑誌、ウェブなど）に取り上げてもらうためです。

　プレスリリースも企画書と同じで、こうしなければいけないという型があるわけではありません。どんなにうまく書けても取り上げられなかったとしたら意味はありません。どんなに稚拙なプレスリリースであっても取り上げてもらえれば成功なのです。

では、どうすれば取り上げてもらえるでしょう？

　考える手順は他の文章を書く時と同じです。

　受け手のインサイトを想像して、自分と関係あると思ってもらえるようなことを書く。そのためには、何らかのベネフィットを提供する必要があります。

では、相手のインサイトとは何でしょう？

たとえば、新聞社に送るプレスリリースであれば、読むのは新聞記者です。彼らのインサイトを想像してみましょう。

新聞社には毎日、ものすごい数のプレスリリースが送られてきます。それらの大量のプレスリリースに対してどんな風に感じるでしょうか？

新聞記者のインサイト
- 自分たちは企業の手先ではない。
- 自社商品やイベントの宣伝をしたいならお金を払って広告でお願いします。
- 社会に貢献するする話題を届けたい。
- 読者に役に立つ情報を届けたい。
- 読者に「日本初」「業界初」などのニュースを届けたい。
- できれば読者に感動を届けたい。

だとしたら、以下のような内容のプレスリリースでは、すぐにゴミ箱行きです。

ゴミ箱行きになるプレスリリース
- 自社の商品やサービスの一方的な告知
- 記事にしてもらいたい下心がミエミエ
- 読者に役立つ情報がない
- 読者に感動を与える要素がない
- 社会に貢献する要素がない
- 日本初や業界初などのニュース性がない
- 将来性を感じない

逆に言えば、以下のような内容のプレスリリースを書けば、目にとまり採用される確率が数段上がります。

採用される確率が高いプレスリリース
・その商品、サービスがどれだけ世の中の役に立つか書かれている
・その商品、サービスによって、どれだけ社会がよくなるかが訴求されている
・誰がどういう想いでその商品やサービスを開発したのかなど、感動できる物語がある
・〇〇初、〇〇一などのようなニュース性がある

プレスリリースには何らかの「大義」が必要なのです。
「大義」とは、「何かの行動を起こす際、その正当性を主張するための根拠」のことを言います。プレスリリースの場合でいうと、新聞記者が新聞にその記事を載せるには「世の中に役立つ情報である」「社会に貢献する情報である」「広く伝えなければならないニュース性がある」「読者が感動する物語がある」という大義が必要なのです。

そしてこの「大義」というものは、「勝負メール」「企画書」をはじめ、多くのビジネス文章でも取り入れるととても効果のある要素になります。何らかの「大義」があると採用される確率が上がるのです。

プレスリリースの構成

ここでは簡単にプレスリリースの構成要素についてお話しておきましょう。
最低限、以下の要素は必要です。

> **プレスリリースの4大要素**
>
> (1) 宛て先　日付
> (2) タイトル（＋サブタイトル）
> (3) 本文
> (4) 連絡先

(1) 宛て先　日付

　一般的には「マスコミ各位」「報道関係者各位」などと書くことが多いですが、これではなかなか自分に関係があるとは思ってもらえません。一斉送信、報道関係者各位で送られてきたようなリリースは真剣に読まないと考えておいた方がいいでしょう。過去の記事などからできるだけ担当者の名前を調べて、個人の名前宛で書くことをオススメします。

　その時、手書きでいつも記事や番組を見ていることをさりげなくアピールするのも有効です。記者や番組担当者も人間です。自分が書いた記事や番組を常に見てくれていると単純にうれしい。自分にだけ特別に送ってこられたと思うと、真剣に読んでみようかなと思います。

　そのためには、普段から新聞を読む時、気になった記事の記者の名前をメモしておくのも手です（テレビであれば番組のスタッフリストなどから名前をメモしましょう）。

　また、送るメディアによって、内容を変えたり、見出しを変えた複数のリリースをつくり反応をテストするのもいいでしょう。

(2) タイトル（＋サブタイトル）

　プレスリリースにおいても「タイトル」は非常に重要です。タイトルによって、採用の確率は大きく変わると言っても過言ではありません。受け手に「おもしろそう」「記事になりそう」「番組のネタになりそう」などと思ってもらわなければなりません。その際、

「ファーストワン（〇〇初）」
「ベストワン」（〇〇一）」
「オンリーワン（〇〇唯一）」

の３つのワンを意識するといいでしょう。

ただし、企画書などのタイトルの考え方とは少し違います。情報を隠したり、釣るようなキャッチコピーなどはむしろ逆効果です。

企画書と同じように、タイトルとサブタイトルで切り口を変えるのもいいでしょう。

（3）本文

本文には以下の要素を入れましょう。

（1）まず要約、結論を。5W1H。期間・金額
（2）ストーリー的な要素（人が登場するとなおよし）
（3）まとめ（将来性、意義、熱意）

あわせてビジネス文章の基本、アリストテレス説得の３原則「ロゴス」「パトス」「エトス」が入っているかも確認しましょう。

写真は、商品よりも「人」に焦点を合わせます。よほど画期的な商品でないと、それだけでは物語はうまれません。**商品に人がプラスされてはじめて物語がうまれるのです。**

（4）連絡先

これは言うまでもないですね。

プレスリリースができあがったら以下の３点をチェックしましょう。

□ **自社側だけの視点になっていないか？**
□ **それは多く人が興味を持つニュースか？**
□ **何らかの「大義」があるか？**

　以上の３点の問いかけに「イエス」と答えることができたなら、採用される可能性は高まります。

４限目で学んだこと

　４限目では「メール」「企画書」「プレスリリース」の書き方を説明しました。仕事で実践していくことで「強い文章力」がさらに身についていくでしょう。５限目ではより深い共感を得るための手法「ストーリーで語る」方法を説明していきます。

5限目

より深い共感を与える
「ストーリー」を加えよう

5限目で学ぶこと

1〜4限まででひと通り、
心をつかむ文章の書き方を
お話してきました。
この時間では、
ストーリーを意識した文章術について
お話します。

ストーリーは受け手の共感を得やすい手法です。
この手法を身につけることができれば、
ビジネス文章でここぞという時に大きな力を発揮します。

STEP 1
ストーリーで書くことの基本

なぜこのタイトルだとテレビを見たくなるのか？

たとえば、以下のようなタイトルのテレビ番組があったとして、観たいと思うでしょうか？

「青函トンネルの工事を振り返る」
「世界規格VHSを作った人たち」
「ロータリーエンジンができるまで」

その題材によほど興味がないとなかなか観ようとは思わないですよね。
ところが以下のように変えたらどうでしょう？

```
原文　「青函トンネルの工事を振り返る」
　⇩
改善　「友の死を越えて　青函トンネル・24年の大工事」
```

> 原文 「世界規格 VHS を作った人たち」
> ⇩
> 改善 「窓際族が世界規格を作った　VHS・執念の逆転劇」

> 原文 「ロータリーエンジンができるまで」
> ⇩
> 改善 「ロータリー47士の戦い　夢のエンジン・廃墟からの誕生」

興味を持って観たくなった人が増えたのではないでしょうか？

なぜでしょう？　それは改善されたタイトルの方がストーリーを感じるからです（これらは2000〜05年までNHKで放送されていた「プロジェクトX」のタイトルです）。

人間は大のストーリー好きです。文字が発明されるはるか以前からストーリーを語り継いできました。

書店にいけば、古今東西ありとあらゆる時代の小説が並んでいます。もちろんマンガもそうです。

テレビをつければ何かしらのドラマをやっています。映画館に行けば映画をやっています。これほど、毎日のように触れているのに、人は飽きずにストーリーを消費し、感動します。ストーリーの型はほとんど決まっているというのに。

このような人間の特性を活かして、様々なビジネス文章にストーリーを取り入れていきましょう。

ストーリーはどのような文章に有効か？

ストーリーで語るという手法は、いろいろなビジネス文章に取り

入れることができます。

　中でも有効なのは、会社をＰＲしたり、商品を売り込む時です。具体的には、**「会社のサイト」「会社案内」「お店の紹介」「プレスリリース」「チラシ」「メルマガ」「ＤＭ」「セールスレター」**などを書く時です。

　現在の日本では、一部の大企業やブランド企業を除いて、「価格」「品質」「広告」などで勝負するのは非常に厳しい状況になっています。そんな時に効果があるのが、その商品が持っている「物語」なのです。

　その物語を訴求することで、「価格」「品質」「広告」とは別の土俵で戦えます。具体的には**「商品開発のストーリー」「素材や製法に対するこだわりを熱く語るストーリー」「これだけは譲れない頑固さをアピールするストーリー」「受け継がれてきた歴史や伝統を語るストーリー」**などです。

　また、あなた自身を売り込む時、具体的には「就職」「転職」などの自己ＰＲ文、ブログなどでの自己紹介でもストーリーで語ることは非常に有効です。

　さらにボランティアやNPOなどで、社会に何かを訴えかけたい時やクラウドファンディングなどで投資を呼びかける場合もストーリーは力を発揮します。

　要するに**"伝えたい思いや情報をストーリーにして語る"**ということです。何かをＰＲしたい時、ただ情報を伝えてもなかなか人の心を動かすことはできません。それをストーリーにして語ることで、相手の感情を大きく動かすことができるのです。

プレスリリースに
ストーリーを取り入れる

　ここではプレスリリースを例にとって考えてみましょう。

　前の時間にプレスリリースでは「大義」が必要だとお話しました。それがさらに「ストーリー」になっていると大きな力を発揮します。

　日々企業からメディアに送られてくるプレスリリースは膨大な数にのぼります。よほど、関心をひくようなものでなければニュースとして取り上げてもらえません。もし取り上げてもらったとしても数行の事実報道だとしたらどうでしょう？

　もし、あなたが広報担当者であれば、きっと肌で感じているはずです。たとえ商品がメディアに紹介してもらえたとしても、スペックなどの情報だけではほとんど効果がないということを。その一方で、開発の苦労話やこだわりなどの「物語」を感じる紹介のされ方をすると、大きな効果をうむということも。

　では、どうすればメディアが関心を寄せ、大きな効果をうむような紹介をしてくれるのでしょう？　まずは、会社の広報ＰＲ活動全体に"ストーリーで語る"という手法を導入することです。

　人類は太古の昔から物語が大好きな動物でした。メディア担当者も物語性のあるニュースを求めています。でも彼らは、事実しか書かれていないプレスリリースから「物語」を見つけ出すなんて面倒なことはしてくれません。だからこそ、そのまま記事にできるくらいの物語性のある広報が必要になってくるのです。

　もちろんそれはプレスリリースだけに限りません。企画書や勝負メールであっても同様です。

ストーリーの肝は「人」

　ストーリーを取り入れた文章を書くときに大切なことは、主人公を「人」にするということです。違う言い方をすると「商品に人をプラスすると物語になる」ということです。

　では、それを体感してもらうため、ミニワークをしましょう。
　たとえば、以下ような「店のPR文」があったとします。

当店ではこだわりのやきとりを提供しています

　この文に人をプラスすることで、ストーリーを取り入れた文章にしてみましょう。
　店の設定は、どんな風にしてもらっても自由です。実際のPR文章ではストーリーを創作するのは厳禁ですが、今回は自由に書いてください。ではどうぞ。制限時間３分です。

　いいですか？
　では、受講生の書いた文章を見ていきましょう。

> Aさん：寝ても覚めてもやきとりのことだけを考えているやきとりオタクの店長がいる店

> Bさん：うちの店のやきとりは、お客さんが食べた瞬間「おっ」と驚いた表情になります。

> Cさん：やきとり好き100人に聞いて、一番推薦者が多かった店です。

> Dさん：俺が心をこめて焼いているやきとりを食べにきて。

> Eさん：やりとり嫌いのうちの子がこの店だけは行きたいと言います。

結構、いいですね。その調子です。

商品に人がプラスされただけで、ストーリーが動き出し、イメージが膨らむのがわかるでしょう。回答を見てもわかりますが、人は店側の人間であってもいいし、お客さんであってもいいんですね。

もちろん正解はありませんが、私が考えた例文は下記のとおり。

> **やきとり一筋30年の当店オーナーが、**
> **毎年、全国の有名ブランド鶏を食べ比べて**
> **一番「おいしい！」と思った鶏だけを使用。**
> **やきとりマイスターの資格を持った職人たちが、**
> **一串入魂の気構えでじっくり炭火で焼き上げます。**

どうでしょう？　少しはストーリーを感じるお店のPRになったのではないでしょうか。

続いてもうひとつ、ミニワークをしましょう。

> **50年の歴史と伝統をもつ街の洋菓子屋さんです**

この文に人をプラスすることで、ストーリーを取り入れたＰＲ文にしてみましょう。前回同様、店の設定は、どんな風にしてもらっても自由です。制限時間は３分。ではどうぞ。

いいですか？
では、皆さんの書いた文章を見ていきましょう。

> Ａさん：おばあちゃんの誕生日に必ずケーキを買う店

> Ｂさん：赤ちゃんの頃からずっとうちの洋菓子を食べてきていた３代目がつくっています。

> Ｃさん：50年の伝統がなんだ。俺が越えてやる。

> Ｄさん：伝統を守りつつ、新しいケーキを創る。
> 　　　　それが３代目の俺に与えられた使命です。

> Ｅさん：この店のケーキを食べると、子供の頃を思い出します。

みなさん、とてもいいですね。
商品に人がプラスされるとストーリーが誕生しますね。
もう例を出す必要もないかもしれませんが、一応。

「ええか。ケーキは、食べた瞬間、その人が笑顔にならなあかん」
そんな亡き祖父の言い伝えを守って、
50年間愚直に洋菓子を作り続けてきました。

5限目　より深い共感を与える「ストーリー」をを加えよう

繰り返しになりますが、ビジネスでストーリーを使う場合は、フィクション（作り物）では絶対にダメです。本当にあったことしか書いてはいけません。忘れないように。

「ストーリー」を使うメリット

ビジネス文章に「ストーリー」を取り入れるメリットには以下のようなものがあります。

①興味を持ってもらえる

ビジネス文章に「ストーリー」を意識するメリットは、相手にとりあえず興味を持ってもらえるということです。

小さい頃、歴史マンガや歴史小説を読んで、また大河ドラマを観て、歴史に興味を覚えるようになったという人、多いのではないでしょうか？

ストーリーを意識すると、読んでみようかなと興味をもってもらえる確率が上がります。

②感情移入してもらえる

ストーリーは、人の感情を動かします。ビジネスにおけるストーリーは、小説や映画のように複雑な物語にする必要はありません。「ちょっとしたエピソード」でも充分に感情移入できるようになります。

会社や商品、提案する企画、あなた自身のバックググランドにある物語を知ることで、相手の心が動き感情移入してもらえることがあります。その結果、ファンになったり、応援しようという気になるのです。

③記憶に残る

「ストーリー」で発信すると、記憶に残りやすいというメリットがあります。

これは、感情と記憶が結びつくからです。人間の脳は、大きく感情が揺さぶられるとそれが記憶に残りやすくなります。

④失敗を語ることでより深い共感を得ることができる

失敗を語ることができるのも「ストーリー」の特徴です。普通だと失敗を語ることはマイナスになりますが、ストーリーだと「失敗」や「挫折」が多い方がむしろ読み手に共感を持ってもらえるのです。

⑤イメージを共有できる

優れた「ストーリー」があると、社内外の人たちと進むべき未来のイメージを共有することができます。

イメージが共有できると、そのストーリーに参加したくなるのです。

経営者やリーダーは、社内的にも社外的にも魅力のある「未来のストーリー」を語りましょう。もちろん、それが人を引きつけるものでなければ誰もついてきてくれません。大風呂敷を広げすぎてもダメだし、志が低すぎてもダメです。

優れた「ストーリー」は、イメージを共有させ、相手を行動に誘(いざな)うのです。

覚えておくべき「序破急」の構成

　ストーリーを語る際の基本的な構成は、「起承転結」が有名です。

　日本では**「序破急」**という３部構成が昔から伝わっています。ハリウッド映画などは「３幕構成」が一般的です。

　本書はストーリーの構成を詳しく説明するのが本意ではないので、簡単に「TDL方式」と覚えておいていただければと思います。

　TDLって何？　と思われたあなた。それは東京ディズニーランドの略です。

　構成のポイントは、**「つかむ」「揺らす」「満足させる」**こと。これは、TDLのアトラクションと同じなのです。

「つかむ」はおもしろそうだなと思ってもらうこと。

　TDLのアトラクションは、ぱっと見ておもしろそうですよね。乗ってみたいと思いますよね。それが「つかむ」です。

　実際にアトラクションに乗ってみると、次から次へとスリルなどいろいろな感情がおしよせ、気持ちが揺れます。それが「揺らす」です。

　そしてアトラクションが終わると、「あー、おもしろかった」「また乗りたいね」と感じます。それが「満足させる」です。

　ストーリーの構成は「つかむ」「揺らす」「満足させる」。シンプルですが覚えておいて損はありません。

　次のSTEPでは人の心を大きく揺さぶる「ストーリーの黄金律」についてお話しします。

STEP 2
「ストーリーの黄金律」で大きく心を揺さぶる

5限目 より深い共感を与える「ストーリー」をを加えよう

人類共通の感動のツボ「ストーリーの黄金律」とは？

　小説、映画、ドラマ、マンガなどを見ていて、「あれ、このパターンどこかで観たことがあるな」と思ったことはないでしょうか？

　私はこれを「**ストーリーの黄金律**」と名付けました。

　ストーリーの黄金律とは、

1　**何かが欠落している、または欠落させられた主人公が、**
2　**遠く険しい目標やゴールに向かって**
3　**数多くの葛藤、障害、敵対するものを乗り越えていく**

という3要素が含まれているストーリのことを言います。

　この3要素が含まれていると、人はその物語の主人公に強く感情移入して応援したくなる性質があります。これは日本だけでなく世界共通のものです。だから「人類共通の感動のツボ」なのです。

　ストーリーの黄金律は、わかりやすいハリウッド映画などのエン

ターテインメント作品に幅広く使われています。ビジネスやスポーツなどのドキュメンタリー番組でも、取り上げられるのはこのストーリーの黄金律の主人公になれる人物なのです。

この時間の冒頭で挙げた「プロジェクトX」のタイトルをもう一度見てみてください。

「友の死を越えて　青函トンネル・24年の大工事」
「窓際族が世界規格を作った　VHS執念の逆転劇」
「ロータリー47士の戦い　夢のエンジン・廃墟からの誕生」

どうでしょう？　いずれも「ストーリーの黄金律」にそったタイトルになっていることがわかるでしょう。

このような主人公が多くの人から共感を得て、応援してもらえるということを、制作側が知っているからです。

もしあなたが書く文章に、「ストーリーの黄金律」を取り入れることができたら、相手の感情を大きく動かすことができます。

ここでは「商品開発のストーリー」を黄金律を取り入れた形で書き直してみましょう。

原文

1957年（昭和32年）、のちに日清食品を創業する安藤百福氏は、インスタントラーメンの製造に着手した。時代は戦後から高度成長期を迎えていた。安藤氏は戦前、大阪で繊維などを扱う商社を経営していたが、空襲ですべての事業所や工場が焼けてしまった。戦後、百貨店をはじめいろいろな事業を手がけ、成功をおさめた。しかし頼み込まれて信用組合の理事長に就任したが、この信用組合が資金繰りに行き詰まり倒産する。理事長の安藤は負債を弁済することになり、戦前から蓄えてきた個人資産をすべて失い、借家の自宅を除いて無一文になる。インスタントラーメンの開発に情熱をかけた。安藤氏は庭に小さな小屋を造らせ、朝から真夜中まで麺の研究に没頭した。「すべての人に十分な食料があれば世界は平和になる」という思いからだった。妻が夕食作りのために使っていた天ぷら油に麺を入れてみたことがきっかけで、開発に成功した。1958（昭和33）年８月25日、「チキンラーメン」という名前で販売を始めた。１袋35円だった。

改善
「世界平和のために、47歳からの挑戦」
チキンラーメン開発秘話

「すべての人に十分な食料があれば世界は平和になる」
そんな思いで、安藤百福がインスタントラーメンの開発に着手したのは47歳の時。しかも一文なしの失意のどん底からのスタートだった。理事長を務めていた信用組合が倒産して借家の自宅を残して全財産を失った。罪悪感を感じた安藤は、何か世の中に役立つことをしようと思った。
安藤の脳裏によぎったのが、終戦直後、空襲で焼け野原になった場所で、屋台の一杯のラーメンを求めて多くの人が長い行列をつくっていた光景だった。一杯の温かいラーメンは、空腹を満たすだけでなく人の心も温める。高度成長期を迎えていた日本で、労働者が手軽に買って食べられるインスタントラーメンを開発しようと思い立った。
安藤はさっそく研究用の小屋をつくった。麺に関してはまったくの素人だったが、裸電球の下で一日も休まず研究を続けた。しかし失敗の連続でうまくいかない。
それをある日、妻が夕食作りのために使っていた天ぷら油に麺を入れてみた。すると、揚げることで麺から水分が抜けるだけでなく、表面に小さな穴が空いて調理が早くなる効果もあることがわかった。これがきっかけになり、安藤はお湯をかけるだけで出来上がるラーメンを完成させたのだ。１年の月日が経っていた。
1958（昭和33）年８月25日に大阪市で販売されたチキンラーメンは爆発的に売れ、２年後には月産10万食に達した。

いかがでしょう？

「ストーリーの黄金律」を強調した文章にすることで、心をつかむ文章になっているのがわかると思います。

自己PR文でも使える「ストーリーの黄金律」

就職や転職などの自己PR文、ブログやSNSなどでの自己紹介文でも「ストーリーの黄金律」を使うと相手の心をつかめる可能性が高くなります。

でもそんな大げさなストーリーなんて自分にはないよ、と思ったあなた。ちょっとした欠落を語り、いろいろな障害を乗り越えてそれを何とか克服しようとする主人公の姿を描くだけでも、普通に書くよりは大きな共感を得ることができます。

たとえば、就職活動でのエントリーシートを書く時を考えてみましょう。

「学生時代に力を入れたこと」という題で自己PRの文章を書かなければならないとします。

たとえばA君は以下のような文章を書きました。

原文
〈学生時代に力を入れたこと〉
私は、大学2年生の10月から12月までの間、自分の住んでいる川浜市の職員の方と学生とで協力してクリスマスのイベントを実施することに力を入れました。市としても初めて実施するイベントで、企画や準備をするのはすべて一から。どのような内容にするか、参加人数はどのくらいになるのかなどの予想がつかないことが多く苦労しました。しかし、他の学生や職員の方と、お店に協力していただくための交渉や、宣伝のための撮影などチームワークを重視して努力しました。企画内容は、パレードと協力店舗へのスタンプラリーです。結果として、最初は参加者を100人と見積もっていましたが、実際に参加していただけたのは400人。多くの方々に楽しんでもらうことができました。この経験から、たった一日のイベントをするにも半年間もの準備期間が必要になることが分かりました。しかし、努力すればそれだけ成果が出るということも同時に実感することが出来たのです。

　総花的に書かずに、ひとつのイベントに絞ったことは悪くありません。しかしやったことはそんなに大したことではないので、インパクトがあるかというと微妙です。多くの人間の文章の中では埋もれてしまうでしょう。

　そこで、ストーリーの黄金律の「欠落した主人公」を意識して書き直してみました。

改善
「仕事」の意味を少しだけ感じることができたイベント

私は、大学２年になるまで、特に力を入れたこともありませんでした。当然、「仕事」に対しても真面目に考えたことがありません。そんなダメな私が、仕事の意味やおもしろさを少しだけ感じることができたのは、川浜市のクリスマスのイベントを実施するという企画に参加したことがきっかけです。それは市の職員と学生が一緒になって実施していくというものですが、市としても初めての試みで、誰も最終形のイメージをつかめない中、企画は停滞したままでした。仕方なく私が地元のお店に協力していただくお願いをすることになりました。最初はなぜ自分がやらなきゃいけないんだと思いましたが、協力してくれる店が増えていき、みんなから「すごいね」と言われると俄然おもしろくなり、気づいたら、そのイベントにどんどんのめり込んでいく自分を発見しました。
結果、せいぜい100人と見込まれていたイベントの参加者は400人を越え、多くの人に楽しんでもらうことができました。「大人が言う『仕事のおもしろさ』ってこういうことかもしれない」と感じることができたのです。もちろん、本当の仕事に比べたらささやかなな出来事だと思います。来年以降は、ぜひ御社の仕事に夢中になり、より本当の「仕事のおもしろさ」を感じたいです。

> 5限目 より深い共感を与える「ストーリー」をを加えよう

ストーリーが感じられる文章になったことがわかるでしょう。
　これは一行目に主人公の欠落を持ってきたことで、読み手の心をつかむことができたからです。
　つまり、Ａ君はストーリーの主人公になっているのです。

STEP 5
ストーリー・ブランディングの「3本の矢」とは？

情報の価値を「見える化」する

　あなたがストーリーを意識してビジネス文章を書く時、もうひとつ覚えておいてほしいことがあります。ストーリー・ブランディングの「3本の矢」と呼ばれるものです。

　ストーリー・ブランディングとは、**"会社、商品などが持っている本来の価値をわかりやすく見える化"する手法**です。会社や商品だけでなく、あなた自身をはじめとする「人」にも使えます。

　「3本の矢」とは、ストーリー・ブランディングをしていく際の基本となる要素で、以下の3つの階層の違うストーリーを構築していくことがポイントになってきます。

ストーリーブランディング3本の矢

①志
②独自化のポイント
③魅力的なエピソード

　前述したような、「会社のウェブサイト」「会社案内」「お店の紹

介」「プレスリリース」など会社や店をPRする場合、「メルマガ」「セールスレター」「チラシ」など商品を売り込む場合、「転職用の職務経歴書」「就活のエントリーシート」など自己アピールをする場合など、この「３本の矢」を意識するだけでも、見え方が大きく変わってきます。

①志

あなたの会社や商品が何のために存在するのか、世の中に向けて発信する「大義」のことをさします。社会や地域のために何か大きな目標をもって頑張っている人はつい応援したくなりますが、それは会社や商品でも同じです。特に広報などのPR活動においては、この「志」「大義」をいかにうまく伝えるかが、とても重要です。メディアは「志」や「大義」がある情報を優先的に取り上げたいと思っていますし、生活者もそんな会社や商品を好きになりやすいのです。

「志」は、社内に理念を浸透させていく、いわゆるインナーブランディングを構築していく時にも必要不可欠な要素です。部下を引っ張っていく時に、「志」がなければ誰もついてきません。

②独自化のポイント

いくら「志」が立派でも、他とまったく同じ商品やサービスではその価値が大きく下がってしまいます。プレスリリースであれば、メディアは取り上げようと思ってくれません。

あなたの会社や商品ならではの独自のポイントが重要になってきます。

たとえばプレスリリースの場合であれば、**「ファーストワン（日本初、業界初）」「ナンバーワン（日本一、業界一）」「オンリーワン（日本唯一、業界唯一）」**の"３つのワン"のいずれかがあるだけでも、ニュースバリューは高まります。

③魅力的なエピソード

これは日々の試みや、実際のエピソードのことをさします。「志」が立派で、「独自化のポイント」が明確であっても、それらは抽象的なものです。具体的にどんなエピソードがあったかを示すことで、ストーリーに説得力と厚みがでます。具体的なエピソードがあれば、あなたの会社や商品、あなた自身の価値はさらに高まり、メディアも取り上げたいと思うようになるでしょう。

重要なのは、これら**3つの階層の違うストーリーが同じ方向を向き、きっちりリンクしていること**です。そうなっていれば、メディアや生活者にも、あなたの会社や商品の価値がわかりやすく伝わっていき、共感を得ることができるでしょう。

たとえば、会社のウェブサイトの社長メッセージで考えていきましょう。とある医療機器メーカー(仮の社名をダイヤモンド医療機器)で以下のような社長メッセージの文章があったとします。

> **(社長メッセージ)**
> ダイヤモンド医療機器は、1994年の創業以来、医療機器部門でイノベーションをもたらす製品やお客さまへのサービスを次々と提供してきました。「世の中の健康を支える」を企業理念に掲げ、医療の発展や人々の健やかな暮らしに貢献してまいります。また増加する医療費を軽減させる検査機器を開発します。先進的なテクノロジーを用いることで、ハイクオリティな検査・診断技術の創出に取り組み、治療のさらなる改善に貢献します。また患者ひとりひとりに最適な医療の実現を目指しています。　　　　　　代表取締役社長　佐藤孝

よくあるタイプの社長メッセージですよね。皆さんも似たような文章を読んだことがあるのではないでしょうか？　言い方は悪いで

すが、これでは読み手の心にまったく響きません。

この文章をストーリー・ブランディングの3本の矢を意識して、書き直してみましょう。

> **(社長メッセージ)**
> **日本を「健康長寿大国にする」会社**
> いくら長生きしても病院のベッドで寝たきりになるのでは幸せとは言えないでしょう。
> 「日本中の皆さんに健康なまま長生きしてほしい」
> ダイヤモンド医療機器は1994年の創業以来、ずっとそんな志をもって、製品開発に取り組んできました。
> 重い病気を早期発見することは、多くの人々の命を救うだけではありません。増大する医療費の軽減にも役立ち、結果として皆さんひとりひとりが明るく快適な老後を過ごせることに繋がるのです。
> そんな未来を実現するために、当社は、あらゆる産業から最新技術を導入し、同業他社とはまったく違う独自の発想で、革新的な医療機器「ダイヤ3号」を発売しました。
> 「ダイヤ3号のお蔭で患者の予後がとてもよくなってね」と、病院の先生から声をかけていただくこともよくあります。先日も早期に発見されたことで内視鏡の手術ですんだ患者さんから直々にお手紙をいただきました。「ダイヤ3号は私の命の恩人です」と。
> これからも「日本を健康長寿大国にする」ために、全員の力を結集していろいろな課題に取り組んでいきます。ご支援よろしくお願いします。　　　　　代表取締役社長　佐藤孝

いかがでしょう?

①志＝日本を健康長寿大国にする
②独自化のポイント＝　革新的な医療機器「ダイヤ３号」
③魅力的なエピソード＝医師からの感謝の言葉、患者からの感謝の手紙

　という３本の矢がしっかり書かれていることで、どのような「志」がある会社で、同業他社と何が違うかが明確になっています。また、それを裏付けるようなエピソードもあるので説得力が出ているのがわかるでしょう。

　結果として、原文よりもわかりやすく、心が動く文章になっていることがわかるでしょう（この文章は架空の会社で架空の機器の話をしているので、具体的なことを少しぼやかしています。より具体的な病名が書けたらもっと説得力が増すはずです）。

５限目で学んだこと

　５限目は、ストーリーを意識した文章術についてお話してきました。応用編なので、すぐに習得するのは難しいかもしれません。しかし、ビジネス文章でこのストーリーの手法を取り入れることができるようになれば、人の心を大きく動かすことができます。結果として仕事も動きます。
　少しずつでいいので、ぜひ習得していきましょう。

おわりに

『読むだけであなたの仕事が変わる 「強い文章力」養成講座』を書店で買って読んでいただいたあなた!
　本当にありがとうございます!　いかがだったでしょうか?
　とりあえず最後までひと通り読んでもらっただけでも、かなり文章はうまくなっているはずです。
　あとはそれを実際に書いて確かめてみましょう。
　わかっていると思っていることでも、実際に書いてみるとなかなか難しいものです。
　書いてみて、また本書に戻って、また書いてみてを繰り返してください。

　極言すると、本書ではたったひとつのことをお伝えしてきました。それは**「ビジネス文章は、自分の視点でなく、相手の視点になって書こう」**ということです。

　それだけであなたの文章は確実に大きく変わります。
　もっと言えば、仕事に取り組む姿勢も変わるはずです。
　結果として相手の気持ちが動き、仕事が前に進みます。
　あなたの言葉が変わることで、ビジネスは大きく変わるのです。

　ぜひ、これからも、本書で書いた「基本の考え方」を常に忘れずに、文章に取り組んでいってほしいと思います。
　本書があなたの仕事や人生に何か役立つとすれば、著者としてそれに勝る喜びはありません。

文章を制するものは仕事を制す。　　川上徹也

特別付録 1

How to say（どう伝えるか）の表現の型　厳選36

　特別付録Ⅰは、タイトル、見出し、キャッチコピーなど心をつかむ最初の一行を書くための型を集めました。本文では取り上げられなかった型も多いのでひと通り読んでみてください。もちろん、全部覚える必要はありません。必要なときに辞書がわりに見てご活用ください。

1.言い切る

1　短く言い切る

ビジネス文章は、相手をおもてなしするつもりで書くくらいでちょうどいい
　⇩
ビジネス文章は、おもてなし

書店は古今東西いろいろな知識が学べる学校のような存在である
　⇩
書店は世界最強の学校である

2　予言して言い切る

健康のために毎朝一駅前から歩きましょう
⇩
毎朝一駅歩くと、健康になる

英語が喋れるようになるには？
⇩
夏までに英語が喋れる！

3　脅して言い切る

このまま変われない会社は、3年後不安です
⇩
変われない会社は、3年で滅ぶ

あなたの会議での発言、周囲からどう見られているでしょう？
⇩
あなたの会議での発言は、「イタイ」と思われている！

4　命令して言い切る

通勤を楽しむ工夫をしましょう
⇩
通勤は、楽しみなさい

本気で文章力をつけたい人は、買ってください
⇩
本気で文章力をつけたくない人は、買わないでください

5 宣言して言い切る

「無理な残業」はできるだけしないようにしよう
⇓
「無理な残業」もうしません

このプレゼンを今までで一番いいものにしたい
⇓
自分史上最高のプレゼンにする

6 具体的な数字を魅力的に入れる

数多くのバリエーションをお楽しみいただけます
⇓
48種類の豊富なバリエーションをお楽しみいただけます

短期間で会社は変われます
⇓
3カ月で会社はここまで変われる！

当社で人気の企業研修メニューです
⇓
当社の企業研修メニューNO.1

2. 読み手に考えさせる

7 問いかける

有給休暇をとらない訳
⇩
なぜ、有給休暇とらないの?

あなたが出世しない理由
⇩
なぜ、あなたは出世しないのか?

8 好奇心をくすぐる

タイトルを変えたら、急に企画が通るようになりました
⇩
○○○○を変えたら、急に企画が通るようになりました

すぐに返信がもらえるメールの書き方
⇩
これさえ守れば大丈夫。すぐに返信がもらえるメールの書き方

9 共感を得られるようにする

接待のお店選び
⇩
初めての接待、どんな店を選べばいいんだろう?

就活のエントリーシートの書き方

⇩

「エントリーシートの書き方がわからない！」という就活生の魂の叫びに、愛の回答

10 ターゲットを絞る

20代男性の皆さんへ

⇩

20代独身メガネ男子のあなたへ

友だちのつくり方

⇩

23歳からの友だちのつくり方

お店を探している方へ

⇩

銀座で商談用のお店を探しているあなたへ

11 親身に語りかける

今月の売上を3割上げる方法

⇩

ノルマを達成してないあなた。今月の売上、3割上げたくないですか？

仕事と子育てを両立するには？

⇩

働くママ、仕事と子育ての両立、大変じゃないですか？

12 ハードルを下げる

読んで練習を繰り返せば文章はうまくなる
⇩
読むだけで文章がうまくなる

ただ今、営業中です
⇩
おひとりでもお気軽にお入りください

13 常識と逆のことを言う

出世をしたければ、働こう
⇩
出世をしたければ、残業はするな

脂っこいものは太る
⇩
やせたければ、脂っこいものをたべなさい

3. 語呂をよくする

14 言葉のリズムを意識する

美味しいものを短時間で安く提供します
　⇓
うまい、はやい、やすい（吉野家）

編集方針は、友情を大切しながら努力して勝利をつかむストーリーにすることです。
　⇓
友情　努力　勝利　（少年ジャンプ）

15 韻を踏む

このPCにはインテルが入っています
　⇓
インテル、入ってる

セブン - イレブンで、いいお買い物を
　⇓
セブン - イレブンいい気分

16 対句にする

新人営業マニュアル
　⇓
商品を売るな、人を売れ！
〜あなた自身を売るためのハンドブック

給料の査定について
⇩
給料が上がる社員、下がる社員

17 反語を使う

サービス残業は悪いとは限らない
⇩
サービス残業は本当に悪いのか？

18 逆説を提示する

「営業スタイル改善」のご提案
⇩
「営業しないで営業する方法」のご提案
⇩
「得意先から営業される営業法」のご提案

楽しく勉強する方法
⇩
遊びながら勉強する方法

4. 比喩でひきつける

19 直喩や隠喩(メタファー)でたとえる

商品開発の進め方について
　⇩
商品開発はサーフィンだ
〜時代の波をつかんでヒット商品を〜

20 擬人化したり、擬物法をつかう

ワクワクするような企画書
　⇩
企画書が歌い踊りだす

休日のお父さん、ぜひご協力ください！
　⇩
休日のお父さん、「粗大ゴミ」から「貴重な資源」になってください

5.「名言」を利用する

21 有名人や偉人の名言を引用する

新商品のご提案

⇩

「商品は三年たったら墓場へやれ」（大和ハウス工業創業者　石橋信夫）
〜新たな主力になる新商品のご提案〜

22 名言、ことわざ、慣用句をもじる

いざという時のための文章力

⇩

転ばぬ先の文章力

メールはビジネスで重要です

⇩

たかがメール、されどメール

23 有名タイトルや流行語をもじる

新年度、営業強化キャンペーン

⇩

営業強化キャンペーン、いつやるの？　新年度の今でしょ！

販促イベントのレポート

⇩

密着24時 販促イベントの裏表完全レポート

6.「言葉の組み合わせ」で化学反応を起こす

24 異質な言葉を組み合わせる

大人＋修学旅行
⇩
大人の修学旅行

真夜中＋ランチ
⇩
真夜中のランチ

25 普段使わない言葉をわざと使う

全国シェアナンバー１奪回プロジェクト
⇩
天下統一プロジェクト

新商品アイデア募集
⇩
新商品アイデアダービー2014

26 名詞と動詞を組み合わせる

仕事をする
⇩
仕事をデザインする

会社で仕事をする
⇩
会社で遊ぶ

27 情報を法則化してまとめる

お客様に買ってもらう接客とは
⇩
お客様が思わず買いたくなる「接客の秘技」5カ条とは？

28 「物」に今をプラスする

これでカンペキ！　花粉症対策
⇩
これでカンペキ！　花粉症対策2014

LINE案内
⇩
LINE最終案内

29 権威・有名人・専門家の力を借りる

店長オススメ！
⇩
酒屋ひとすじ18年頑固店長が本気でオススメ！

店長オススメ！
⇩
年間500本の映画を観るバイト山口が、今年一番泣いたのはコレ！

30 利用者に語ってもらう

お客様から好評をいただいている旅館です

⇓

初めて宿泊しましたが、その気配りとおもてなしに、感動しました。

（山本幸江さん　東京都　主婦）

7.「造語」で目新しさを作る

31 短縮して造語を作る

イケてるメンズ（イケてる面）
 ⇓
イケメン

結婚するための活動
 ⇓
婚活

32 組み合わせて造語を作る

学校 × カースト制度
 ⇓
学校内カースト

家電に詳しい × 芸人
 ⇓
家電芸人

33 造語から造語を作る

イケメン⇒**イクメン**⇒**イケダン**
就活⇒**婚活**⇒**妊活**⇒**離活**
学校内カースト⇒**サークル内カースト**⇒**会社内カースト**

8.ストーリーで心をつかむ

34 物に人をプラスする

新鮮なお刺身
⇩
相模湾で漁師歴45年の安田さんが、
今朝の漁で一本釣りしてきたアジのお刺身です

空気清浄機の新製品出ました
⇩
当社の開発部山崎が５年の歳月をかけて
工夫に工夫をかさねた空気清浄機です

35 現在との落差がある過去を語る

人前で緊張せずに話す方法
⇩
５年前、私は人前で話すと緊張で手が震えてしまう人間でした

36 「ストーリーの黄金律」で感動のツボを押す

当社沿革
⇩
倒産の危機から、世界に誇るＩＴ企業へ
一通のセールスレターが、会社の運命を変えた

特別付録 2

思わず買いたくなる
セールス文章7つの型

チラシ・商品紹介・ECサイト・メルマガ・DMなどで有効

　特別付録2では、本編ではあまり取り上げることのできなかったセールス文章の代表的な型を7つ紹介します。
　チラシ、商品紹介、ECサイト、メルマガ、DMなどで、商品を売ろうという時に使えます。
　あなたが何かの商品やサービスを売らなければならない時に、これから紹介する7つの型にあてはめて書いてみてください。
　それなりに効果のあるセールス文章になっているはずです。

　今回は「見るだけで強い文章が書けるDVD」という架空の学習教材（実にあやしげな商品ですが・笑）を設定し、それを売り込むセールス文章をいろいろな型で見ていきましょう。

1.「お悩み問いかけ」法

　人間はいろいろな悩みを持っています。
　自分のカラダや癖などといった悩みから、対人関係、果ては地球規模にいたるものまで。悩みはつきません。まったく悩みを持っていない人はまずいないでしょう。
　人間の「悩み」の部分を解決できる商品があれば、売れる可能性は高いです。
「お悩み問いかけ法」は、簡単に言うと、「こんな悩みはありませんか？」と問いかけて、「その悩みにはこんな商品がありますよ」と提案する方法です。
　ある意味、セールス文章の基本の基本とも言える構成です。
　より詳しく書くと以下のようになります。

お悩み問いかけ法　構成

① **「こんな悩みはありませんか？」と問いかける**
　　　⇓
② **「大変ですよね」という共感＆エピソード**
　　　⇓
③ **「その原因は〇〇です」**
　「放っておくともっと大変になるかもしれません」という警告
　　　⇓
④ **「こうすれば悩みは解消しますよ」という手法を提示**
　　　⇓
⑤ **「その手法が実現できるこんな商品がありますよ」という提案**

　シンプルですが、悩みをバッチリ解決できる商品であれば効果は高くなります。

ではこの構成を使って「見るだけで人を動かす文章が書けるDVD」を売るためのセールス文章を書いてみましょう。

仕事の文章で悩んでいるあなたへ

あなたはこんな悩みを抱えていませんか?

「頑張って書いた企画書が得意先から見むきもされない」
「メールで同僚に依頼したことがちゃんと実行されていない」
「売りたい商品のセールスレターを書いたがまったく売れない」
「頑張って書いたFacebookの記事にいいね! がつかない」

文章を書くのは大変な作業なのに、効果があがらないと悲しいですよね。
でもその原因ははっきりしています。
あなたに「強い文章力」が足らないのです。
そのまま放っておいたら、あなたの仕事人生は残念ながらお先真っ暗です。今後も、ますます「強い文章力」が必要とされてくるからです。

でも安心してください。
「強い文章力」を簡単に身につける方法があります。
まずはすべてのビジネス文章を書く上で、絶対に必要な「たったひとつの前提条件」を知って常にそれを意識して書くことです。その上で、「基本の基本3カ条」を学習すれば、あとは型にあてはめて書けばいいのです。
それだけで、あなたの文章力は劇的に強くなります。

「でもそれをどこで教えてくれるの?」と思ったあなた。
「見るだけで強い文章が書けるDVD」が教えてくれます。
タイトル通り、見るだけで、「強い文章力」が身につく学習教材です。

「見るだけで強い文章が書けるDVD」についての詳しい内容は、同封のパンフレットをご覧ください。(※)
あなたの「仕事の文章」についての悩みが解決されることを祈っています。

「見るだけで強い文章が書けるDVD」製作委員会
プロデューサー　秋本貴司

※実際のセールス文章では、この部分に成約を後押しする値引き・限定・返品保証等のオプションをつけ加えるとより効果的です。(以下2-7でも同じ)

2.「未来のハッピー提示」法

　人間は将来のハッピーを提示されると、「そうなったらいいな」と思うものです。
　この型は、売りたい商品によってもたらされるであろう「未来のハッピー」を先取りして伝えることで、商品を買いたくさせる手法です。「未来のハッピー」とは、本書の本文中に何度も出てくるワード「ベネフィット」です（詳しくは22ページ参照）。
　つまりこの型は「相手にとってのベネフィットをわかりやすく伝える」ということにほかなりません。

[未来のハッピー提示法] 構成

① 「こんな未来が実現するとハッピーですよね」と確認する
　　⇩
② 「なぜハッピーになるかという理由」を説明する。もし実現したら、「こんないいこともあんないこともありますよ」という例をあげる
　　⇩
③ 「そのためには今、何をしないといけないのか」を提示する
　　⇩
④ 「それを実現するこんな商品がありますよ」という提案

　ではこの構成を使って「見るだけで人を動かす文章が書けるDVD」を売るためのセールス文章を書いてみましょう。

あなたが書いた文章によって
まわりの人が勝手にどんどんどんどん動いてくれる。
そんなシーンを想像してみてください。

もしこんなことが起こったら、うれしくありませんか?

「あなたが書いた企画書が得意先に採用され大ヒット商品になった」
「著名人にいきなり仕事のお願いのメールを送ったら『やりましょう』と即答された」
「商品のセールスレターを書いたら売れて売れてうれしい悲鳴」
「頑張って書いたフェイスブックの記事にいいね! がどんどんついて広がっていく」

あなたは、たかが文章と思っているかもしれません。
しかし文章には、相手を本気にさせ、人を動かす強い力があるのです。
「強い文章力」さえあれば、あなたの人生は大きく変わります。
あなたは、そんな未来を呼び寄せることができますか?

今、自信がなくても大丈夫。
「強い文章力」を簡単に身につける方法があるんです。

まずはすべてのビジネス文章を書く上で、絶対に必要な「たったひとつの前提条件」を知って常にそれを意識して書くことです。その上で、「基本の基本3カ条」を学習すれば、あとは型にあてはめて書けばいいのです。
それだけで、あなたの文章力は劇的に強くなります。

「でもそれをどこで教えてくれるの?」と思ったあなた。

「見るだけで強い文章が書けるDVD」が教えてくれます。
タイトル通り、見るだけで、「ひと言でつかむ文章力」が身につく学習教材です。

「見るだけで強い文章が書けるDVD」についての詳しい内容は、同封のパンフレットをご覧ください。
この教材がきっかけで、あなたの未来が劇的に変わることを祈っています。

「見るだけで強い文章が書けるDVD」製作委員会
プロデューサー　秋本貴司

3.「ショッキングなデータ＋未来の不幸提示」法

　実は人間は、未来に利益を受け取る可能性よりも、今持っているものを失う恐怖の方が強い生き物なのです。

　この型は、売りたい商品を購入しないことでもたらされる「未来の不幸」を先取りして伝えることで、商品を買いたくさせる手法です。言い換えると「相手にとってのベネフィット喪失の危機」を伝えるということです。

　それに先立って、ショッキングなデータで、ロゴス（本文108ページ参照）を補強すると、より説得力が増します。

[ショッキングなデータ＋未来の不幸提示法] **構成**

①冒頭でショッキングなデータを提示する
　　　⇓
②そのデータを論拠に「このまま放っておくと不幸な未来が待ってますよ」と提言する
　　　⇓
③「そのためには今、何をしないといけないのか」を提示する
　　　⇓
④「それを実現するこんな商品がありますよ」という提案

　ではこの構成を使って
「見るだけで人を動かす文章が書けるDVD」
　を売るためのセールス文章を書いてみましょう。

文章力によって年収が300万円も違ってくるなんて

2014年に文章力研究所が全国の会社員1万人を対象に実施した調査データによると、「強い文章力」のあるなしで、平均年収に約300万円の違いがあることがわかりました。
全国の会社員1万人に「強い文章力」のテストをし、60点以上の得点者をAグループ、59点以下の得点者をBグループにわけました。その後、それぞれの年収をアンケート調査したところ、Bグループの平均が425万円だったのに対して、Aグループの平均は740万円と300万円以上の差があったのです。(※)

たかが文章力の違いで、こんなに差が出るなんて！
ショックを受けたかもしれませんが、本当です。
「強い文章力」があれば、相手を本気にさせ、人を動かせます。
その結果が年収の違いに出てきたのです。

あなたは、自分がAグループとBグループのどちらに属していると思いますか？
Aグループだと自信を持って言い切れる人は、もうこの先を読む必要はありません。でももし自分がBグールプだと思うならば、ぜひ続きを読んでほしいのです。「強い文章力」を簡単に身につける方法をお知らせします。

まずはすべてのビジネス文章を書く上で、絶対に必要な「たったひとつの前提条件」を知って常にそれを意識して書きましょう。その上で、「基本の基本3カ条」を学習すれば、あとは型にあてはめて書けばいいのです。
それだけで、あなたの文章力は劇的に強くなります。

「でもそれをどこで教えてくれるの?」と思ったあなた。
「見るだけで強い文章が書けるDVD」が教えてくれます。
タイトル通り、見るだけで、「強い文章力」が身につく学習教材です。

「見るだけで強い文章が書けるDVD」についての詳しい内容は、同封のパンフレットをご覧ください。
この教材がきっかけで、あなたの未来が劇的に変わることを祈っています。

「見るだけで強い文章が書けるDVD」製作委員会
プロデューサー　秋本貴司

※ここで書いているデータや出自もすべて架空のものです。実際の文章で架空のデータを使っていけないのは言うまでもありません。

4.「書き手の過去の秘密公開」法

　人間は秘密を打ち明けられると、自分もバリアをとりのぞいて相手を信用する傾向があります。その性質を利用して、冒頭でまず書き手であるあなた自身の過去の秘密をオープンにします。
「実は私はこんなダメな人間だったんです」「私だけの秘密を聞いてください」などといった風に。
　そうすることで、現在の自分とのギャップができ、「ストーリー」がうまれます。
　語り手は「ストーリーの黄金律」（本文145ページ参照）の主人公になることができ、読み手は知らず知らずのうちに共感してしまうのです。

[書き手の過去の秘密公開法] 構成

①冒頭で書き手の過去のネガティブな秘密を告白する
　　⇩
②そんな自分が今はそれを克服して輝くまでの物語を語る
　　⇩
③「同じように克服したいのであればこんな商品がありますよ」という提案

　ではこの構成を使って「見るだけで人を動かす文章が書けるDVD」を売るためのセールス文章を書いてみましょう。

※この手法は広告などでもよく使われます。
　その場合はフィクションである場合が多いようです。

いろいろな意見があるでしょうが、少なくとも
セールスレターなど実名で売り込む場合は、
本当にあったことでなければいけないと私は考えます。

15年前の私は、文章がまったく書けないダメ社員でした。

「お前が仕事でけへん理由、何でかわかるか?」

深夜の居酒屋。酔った上司からそうからまれた時、私は返事ができませんでした。
今から15年前、私が新入社員の頃のことです。

「文章や、文章。お前の文章には力がない。弱いんや。そやから仕事に迫力ないねん」

不思議と腹はたちませんでした。
力のある強い文章が書ければ、迫力のある仕事ができるのか。
なぜか素直にそう思ったのです。

それから私は必死で文章の勉強をしました。
どうすれば力のある文章が書けるのか?
人の心をつかめる強い文章とは何か? どうすれば人は動くのか?
文章術やキャッチコピーの本はもとより、古代ギリシアの弁論術やヒトラーの演説なども研究しました。
その結果、人を動かす文章には共通の法則があることを発見したのです。

その結果、私の文章力はどんどん上達し、迫力のある仕事ができるようになりました。仕事はバンバン決まるようになり、とんとん拍子で出世していきました。
あの時の上司の話は本当だったのです。
(余談ですが、入社10年目で私はその上司より出世してしまいました)

1年前、私はその会社を辞め起業しました。
私が独学でつかみ取った「強い文章のノウハウ」を
多くの人に使ってもらって迫力のある仕事をしてもらいたいと思ったからです。

そして1年かけて作ったのが「見るだけで強い文章が書けるDVD」です。
タイトル通り、見るだけで、「**強い**文章力」が身につく学習教材です。
この中には、私が15年かけてつかみ取ったノウハウが凝縮されています。

「見るだけで**強い**文章が書けるDVD」についての詳しい内容は、同封のパンフレットをご覧ください。

「見るだけで**強い**文章が書けるDVD」製作委員会
プロデューサー　秋本貴司

5.「お客さんの声」法

　人間は売り手自身の言葉より、お客さんの言葉を信じる傾向があります。

　なぜなら、売り手はどうせ自分に都合のいい長所しか言わないと思っているからです。それに比べると、実際に使用・利用したお客さんの声の方が客観的だと思うのです。

　あなたも、高い買い物をする時や、旅行で旅館に泊まる時などは、売り手の広告よりも、利用者の口コミを調べて信じるのではないでしょうか？

　しかし、お客さんの声もサクラや創作したものに思われてしまうと逆効果です。お客さんの声を載せる時にはできれば実名で写真なども入っている方が信頼感が増し、効果があります。

[お客さんの声法] 構成

①冒頭でお客さんの声をそのまま出す
　商品の使用前と使用後の気持ちの流れがあるとさらにいい。
　　　⇩
②商品の紹介
　そのお客さんだけでなく多くの人から支持があることを提示。
　　　⇩
③「使用したお客さんと同じようになりたいのならぜひお買い求めください」

　ではこの構成を使って「見るだけで人を動かす文章が書けるDVD」を売るためのセールス文章を書いてみましょう。

「見るだけで文章がうまくなるって本当？」
半信半疑で使ってみた私ですが……
　　　　　　　　　　　東京都　斉藤薫様

申し込む前は半信半疑で怪しいなと思いました。
「見るだけで文章がうまくなる」なんて嘘くさいじゃないですか。
でも騙されたと思って買い求めてみました。
するとどうでしょう。DVDを一度見ただけなのに、なぜか人の心をつかむ文章がすらすら書けるような気になったんです。
試しに社内会議向けの企画書を書いてみました。
するとすぐ採用されたのです。
こんなこと今までなかったのに！
それ以来、連戦連勝です。
周囲が私を見る目もがぜん変わりました。
「強い文章力」が身につくと、
仕事人生がこんなに変わるんだと、今、実感しています。
本当に「見るだけで強い文章が書けるDVD」のお蔭です。ありがとうございます！

　このようなうれしいお便りを多数いただいています。
　あなたも斉藤さんのように、「強い文章力」を身につけませんか？

「見るだけで強い文章が書けるDVD」についての詳しい内容は、同封のパンフレットをご覧ください。

　　　　　　「見るだけで強い文章が書けるDVD」製作委員会
　　　　　　　　　　　プロデューサー　秋本貴司

6.「商品のデメリット開示」法

4.「書き手の過去の秘密公開法」では書き手の過去の欠点を開示しましたが、ここでは商品のデメリットを開示する方法を紹介します。

お客さんは「売り手は長所しか訴求しないものだ」と思っているので、デメリットを開示することで「信頼できそう」と思ってもらえるのです。

[商品のデメリット開示法] 構成

①冒頭で商品の短所・欠点を開示
　　　⇓
②でも「それにもましてこんな長所があります」と解説
　　　⇓
③「欠点を承知の上でぜひお買い求めください」という提案

ではこの構成を使って「見るだけで強い文章が書けるDVD」を売るためのセールス文章を書いてみましょう。

ゴメンナサイ！　商品名に偽りがありました。

最初にお詫びします。
これからご案内する商品
「見るだけで人を動かす文章が書けるDVD」
という学習教材についてです。

商品名に「見るだけで強い文章が書ける」とありますが、
それは嘘です。ゴメンナサイ！
考えてみてください。
見るだけで書けるなんてありえないですよね。

だから商品名を決める時に私は反対しました。
「これはちょっと盛りすぎなんじゃないか」と。
しかしスタッフが
「それくらい簡単だということを訴求しなきゃダメですよ」と
言うので、ついつい押し切られてこんな商品名にしてしまった
んです。

確かにDVDを見て、それをちゃんと理解し咀嚼して文章を書
くと、驚くほど「強い文章」が書けることは間違いない。
「見るだけで強い文章力が身につく」までは正しい。
でも「見るだけで書ける」としてしまったのは、盛りすぎたと
反省しています。
改めて、ゴメンナサイ！

そんな誇大広告な商品名でもいい、
「とにかく人の心をつかむ強い文章が書きたいんだ」というあ
なたにとっては、ぴったりな学習教材であることは私が保証し

ます。

「見るだけで強い文章が書けるDVD」についての詳しい内容は、
同封のパンフレットをご覧ください。
皆さんの文章力が飛躍的に向上するのを祈っています。

「見るだけで強い文章が書けるDVD」製作委員会
プロデューサー　秋本貴司

7.「魂の叫び」法

　街頭で誰かの叫び声が聞こえてきたとします。
　よほどのことがない限り、声がした方を見てしまうでしょう。
　セールス文章でも同じです。
　冒頭に何か大きな声で叫ばれるとついつい注目してしまいます。
　本文で触れたパトスを刺激されるからです。
　この手法はまず心からの叫びを書くことで注目を集め、そこから商品を物語っていくというものです。
　やや飛び道具的な手法ですが、今まで体験したことのない珍しい商品を訴求する時には有効です。

魂の叫び法　構成

①冒頭で書き手の魂の叫びを書く
　　　　⇓
②そんな声をあげさせてしまった商品を紹介
　　　　⇓
③実はこんな方法で製造していますなどのロゴス・エトスの部分を担保する

　ではこの構成を使って「見るだけで強い文章が書けるDVD」を売るためのセールス文章を書いてみましょう。

なんじゃ～このDVDは！！
これ、ほんまに見るだけで売れる文章が書けてしまうでぇ。

いきなりの大声で失礼しました。
これからご案内する商品
「見るだけで強い文章が書けるDVD」
という学習教材を最初にスタジオのモニターで見た時、
私の口から思わず出た言葉です。

え？　この商品お前が作ったんじゃないのかって？
はい、確かに私がプロデュースしました。
でも、シナリオを書いただけで、製作はプロの映像会社に任せたんです。
だから、仕上がりを見て、想像以上のできに、思わず冒頭のような叫び声をあげてしまったんですよ。

どうすれば力のある強い文章が書けるのか？
人の心をつかめる文章とは何か？
文章術やキャッチコピーの本はもとより、
古代ギリシアの弁論術やヒトラーの演説なども研究し、私が15年かけて積み上げてきたノウハウがこのDVDにすべて凝縮されています。

想像以上のできあがりに、思わずここまでオープンにしてしまっていいのかと躊躇してしまうほどでした。
でも、多くの人に「心をつかむ強い文章」が書けるようになってほしい、そんな思いから、そのままだし惜しみなくリリースすることを決心しました。
ほんと15年前の自分に見せてやりたいです（笑）。

> 「見るだけで強い文章が書けるDVD」についての詳しい内容は、
> 同封のパンフレットをご覧ください。
> この教材がきっかけで、あなたの未来が劇的に変わることを祈っています。
>
> 　　　　　「見るだけで強い文章が書けるDVD」製作委員会
> 　　　　　　　　　プロデューサー　秋本貴司

生活者の立場では、文章に騙されないようにしよう

　さて、セールス文章の7つの型をご紹介してきました。

　実際の文章では、ラストの成約を決めるいわゆるクロージングの部分で、値引き・限定・返品保証等のオプションを付け加えるのが一般的です。（今回はあえて省略しました）

　商品によってどの型が効果あるか、いろいろ変わってきますので、これらの型を参考にしつつ、各自で工夫していってください。

　逆に、みなさんが、生活者・消費者の立場になった時には注意が必要です。

　特に今回のような怪しい商品（「見るだけで強い文章が書けるDVD」）であっても、読んでいるうちに欲しくなってしまった人は要注意です。

　本当にその商品がいいから欲しくなってしまったのか、セールス文章のテクニックで欲しい気持ちにされてしまったのかを冷静に考える必要があります。

特別付録 3

「心を動かす文章」を書きたい時の7つの型
就活・転職・ブログ・社内報・SNS・メルマガで有効

　特別付録3では、「心を動かす文章」を書きたい時の代表的な型を7つ紹介します。

　就活、転職、ブログ、社内報、SNS、メルマガ等で有効です。

　自己PRなどをしなければならない時に、紹介する7つの型にあてはめて書いてみてください。それなりに読み手の心を動かす文章になっているはずです。

　今回は、大学生の就活用のエントリーシートの設問の項目で書く文章という設定で例文を示していきます。設問例、志望の業種、書き手の性別などはその都度変えています。

　エントリーシートの質問項目は会社によっていろいろとありますが、代表的なのは以下のようなものです。

・プロフィール
・自己PR
・学生時代に打ち込んだこと
・志望動機
・座右の銘・好きな言葉
・最近気になったニュース
・あなたの長所短所
・大学時代学んだ専門分野

・○○（最近の話題など）についてどう考えるか？

　いろいろと質問の項目は違っていても、実は書くことはすべて同じです。
　要は「どんな質問も自己ＰＲに繋げる」ということです。
　質問された事項をきっかけにして、自分をアピールできるようにもっていきましょう。

1. プロフィールの必勝パターン「現在⇒過去⇒未来」法

　就活や転職などの書類や、ブログやSNSなどでプロフィールの文章を書く時に覚えておきたい型です。書き方を少し変えるだけで、あなたが本来持っている価値をわかりやすく示すことができるからです。

　一般的にプロフィールは時系列に書いてしまいがちです。「過去⇒現在」と書くのが一般的でしょう。

　それでは平凡で相手の気持ちをつかむことができません。

　プロフィールや自己紹介は、「現在」「過去」「未来」の順で語りましょう。

　まず、あなたが「現在」やっている自分の活動を語ります。

　次にどんなきっかけで今の活動を始めようと思ったのか「過去」のポイントを語ります。

　さらに遠く険しい目標に向かって頑張っている「未来」の姿で結びます。

　達成していない未来の目標を描くことで、現在の自分が「欠落した存在」になるので、ストーリーの黄金律の主人公(本文147ページを参照)になることができるのです。

［現在⇒過去⇒未来法］構成

①現在やっている仕事、取り組んでいることを語る（現在）
　　　⇩
②それをなぜやろうとしたのかきっかけになる出来事を語る（過去）
　　　⇩
③将来どんな目標に向かって進んでいきたいかを語る（未来）

　ではこの構成を使って就活のエントリーシートを書いていきましょう。

設定質問 プロフィール

志望業種 出版社／男子学生

現在、私は工学部で素粒子の研究をしながら書店でアルバイトをしています。
考えたら書店はスゴイ場所です。
古今東西、ありとあらゆる分野の超有名人たちの知恵の結晶（＝本）をわずか数千円の金額で手に入れることができるのですから。
バイト代はほとんどが書籍代に消えていくのは必然です。

今はそんな私ですが、実は小さいころは本が大嫌いな子供でした。大学に入るまでマンガ以外で自分から読んだ本はありませんでした。
将来、どんな仕事をしたいかという具体的な目標も特にありませんでした。今の学部もたまたま数学や理科の成績がよかったから入っただけです。

そんな私の人生を変えてくれたのが、今、働いている書店の店主でした。
マンガを買おうと店に入った時、入リ口付近の棚に「将来目標のない大学生はコレを読め！」という特大のPOPが目に飛び込んできたのです。
それは御社の発行している『未来を動かす仕事』という本でした。私は催眠術にかかったようにその本を買ってしまったのです。

初めて自分で買った本を読んで、頭をハンマーで殴られたような衝撃をうけました。

おそらくそれまで本をまったく読んでこなかったからかもしれません。本には本当に「未来を作り動かす力があるんだ」と実感しました。

それから私の書店通いがはじまりました。店主がオススメしている本を買ってむさぼるように読みました。今までまったく読んでこなかった時間を取り戻すように。
やがて、店主に声をかけられるようになり、バイトで働くことになりました。

書店で働くうちに人生ではじめて目標ができました。昔の自分のような本が大嫌いの学生に、本の魅力を届けたいという目標です。まずは御社に入って『未来を動かす仕事』をもっともっと広めたいです。もっともっと多くの学生に読ませたいです。そしてゆくゆくは、一から本作りに携われたらいいなと考えています。
いつか、店主が特大のPOPで「コレを読め」と勧めてくれるような本を作ることが私の人生の目標です。

2. PREP（プレップ）法

　PREP法とは、プレゼンなどで使われる論理的な話し方のこと。**「Point（結論）、Reason（理由）、Example（実例）、Point（結論）」**の頭文字をとったものです。

　プレゼンや話し言葉だけでなく、文章の構成においても非常に有効です。

　まず結論（Point）を述べます。次にその結論に至った理由（Reason）を説明します。さらに理由に至った具体的なエピソード（Example）を描写していきます、最後に再びまとめとしての結論（Point）を述べるという構成です。

　導きだした「結論」は、Reason（理由）でロゴスを、具体的なエピソード（Example）でパトス、エトスを補強することができます（ロゴス、パトス、エトスに関しては本文109ページを参照）。

PREP法　構成

①冒頭で「私はこう考えます」などの結論を示す　（Point）
　　　⇓
②なぜそうなのかの理由を説明する（Reason）
　　　⇓
③理由に至った具体的なエピソードを描写（Example）
　　　⇓
④もう一度結論を簡単に示す（Point）

　ではこの構成を使って就活のエントリーシートを書いていきましょう。

設定質問 あなたの強みは？

志望業種 生命保険／女子学生

私の強みは、小さい頃に父の転勤で何度も引っ越したことから得た「適応能力」と「ネットワーク」です。

小中学生の時、神奈川から福島、鹿児島、大阪、青森、北海道、東京と6回転校をしました。言葉も風習も気質も違う土地で、一から友だちを作っていかなければならなかったので、当時は転校がイヤだなと思っていたし、子供なりにとても苦労しました。でも今になって感じるのは、そのお蔭で自然とどんな環境でもすぐになじんでいける適応能力が身についているということです。またそれぞれの地方に今でもつきあっている友だちがいます。

高校・大学は東京でしたが、大学で地方から入学してきた子たちとも積極的に仲良くなりました。きっと心細いだろうなというのもわかるので。また、色々な地方に土地勘があり、方言も喋れるので、話が合うのです。また、毎年、夏休みや春休みはどこに行くか迷うほどに、全国の色々な土地から「遊びにおいでよ」というお誘いがかかります。まるで日本中に故郷があるみたいです。こんなネットワークも私の大きな財産になっています。

このように、適応能力とネットワークが私の強みです。御社は全国津々浦々に支社や営業所を展開されていますが、私はどこに配属されても適応していける自信があります。

3.冒頭「欠落開示」法

　冒頭部分で自分の失敗・挫折・欠点などの「欠落」を開示する方法です。
　そうすることで読み手は興味を覚えます。
　しかしただ「欠落」を語るだけでは共感はしてもらえません。
　そのような、失敗・挫折・欠点などにもかかわらず、高く険しい目標に向かって、いろいろな障害・葛藤・敵対する者を乗り越えて頑張る姿を見せることでストーリーの黄金律（本文145ページ参照）の主人公になることができ、人の心をつかむことができるのです。

冒頭欠落開示法　構成

①冒頭で、自分の失敗・挫折・欠点などの「欠落」を開示
　　　⇓
②そこから這い上がる決意を表明
　　　⇓
③高く険しい目標を設定する
　　　⇓
④いろいろな障害・葛藤・敵対する者を乗り越えていく姿を見せる

　ではこの構成を使って就活のエントリーシートを書いていきましょう。

設定質問 志望動機

志望業種 菓子メーカー／男子学生

今では、不採用通知を送ってくれた企業に感謝しています。

10社連続で不採用通知を受け取った時、私の中で何かが変化しました。
「よしここからが本番だ。やってやるぞ！」と、スイッチが入ったのです。
それまでは、「こうすれば受かる」的な情報に右往左往して、何となく名前を知っている有名企業を何となく受けていたのです。そんな学生を採用する会社がないのは当たり前です。

もう流されて就職活動するのはやめる。ネットで情報を集めない。自分で考えて、絶対に仕事がしたい本命の会社だけに絞って、そこだけを受ける。
そう決めたのです。
このことを友人に話すと笑われました。でも私は本気です。

「自分はどんな仕事がしたいのか」自問自答を繰り返しているうちに浮上してきたのが御社です。
御社の「日本発のおいしいお菓子を世界に向けて展開していく」というビジョンを知ったからです。
高校生の時、アメリカで1年間ホームステイをしたことがあるのですが、その時に感じたのは、お菓子が本当にマズいということです。あの時ほど、日本のお菓子が恋しかったことはありません。
特に御社のロングセラー「つっぱりコーン」は、大好きなお菓子でした。日本から送ってもらった「つっぱりコーン」を、ア

メリカ人に食べさせた時の幸せそうな表情ったら。

「日本のお菓子で世界の人たちを幸せにする」
そんな大きな目標が私の心の中に芽生えました。それを実現したい。だから御社で仕事をしたいと思いました。
これが志望動機です。

まずは御社のことを徹底的に知ろうと、全国にある5つの工場をすべて見学させていただきました。
北海道工場の高橋様、九州工場の吉田様にはお話を伺い、色々なアドバイスをいただきました。
コンビニやスーパーに寄ると、まずはお菓子売り場にいく習慣がつきました。そうしているうちに、御社が強い系統、弱い系統も何となくわかるようになってきました。
また、今でもつきあいのあるアメリカの友人たちにも、御社のお菓子のセットを送っています。まもなく感想が届くと思いますので、面接の時に披露させていただきたいと思っています。

一方的で勝手に熱い志望動機で失礼しました。
御社とご縁があることを祈っています。

4.「サビあたま」法

「サビアタマ」とは楽曲で、「サビ（一番盛り上がる所）」を冒頭に持ってくる手法のこと。文章では、クライマックスを冒頭に持ってくる方法のことをいいます。

わかりやすいのは、エピソードの一番盛り上がった部分の「会話」や「叫び」を冒頭にもってくるという方法です。そうすることで冒頭で注目を集めることができるので、続きを読んでもらいやすくなります。

[サビあたま法] 構成

①冒頭で、そのエピソードの一番盛り上がる部分の「会話」「叫び」を持ってきてつかむ

⇓

②それがどういう状況のエピソードなのかを説明

⇓

③そこから導かれる結論を語る

ではこの構成を使って就活のエントリーシートを書いていきましょう。

設定質問 学生時代に一番打ち込んだこと

志望業種 広告会社／女子学生

「立花さんが作ってくれるPOPは本当に効果があるよね」

店長からそう言われるたびに、私は表面上はクールを装いながら、いつもバックヤードで「よっしゃ！」とガッツポーズをしていました。

私は書店でバイトしていて、新書コーナーのPOPをまかされていました。そこでPOPを書くことが学生時代に一番打ち込んだことです。完全な自慢ですが、私がPOPを書くと、なぜかその本の売り上げがあがるんです。「なぜか、あがる」と書きましたが、実はただの偶然ではありません。私は、大学で学んでいる心理学の理論を総動員して、POPを書いていたのです。そのためにあえて、本は読まずにPOPを書いていました。読むと思い入れができてしまい客観的なPOPにならないからです。

狙った通りに、お客さんが手に取り、買ってくれると本当にうれしかった。でも、うまくいかない時もありました。そんな時もあきらめませんでした。最初の理論でダメなら、また違う心理学の理論を駆使してPOPを書きました。それまでまったく動かなかった本が、POPを変え、置く場所を変えただけでどんどん売れていった時には本当に鳥肌がたちました。
POP作りを通じて、人がモノを買う心理って本当に不思議でおもしろいなと思うようになりました。御社を志望したのも、この不思議な人間の心理や行動をもっと知りたい極めたいと思ったからです。

もちろん、書店のPOP作りとマスメディアを使った広告キャンペーンとはぜんぜん違うと思います。でも、商品を買うのは「人」なんですから、共通点もあるはずです。

御社に入って、それを確かめることができたらと、真剣に考えています。

5.「名言引用」法

文章に「有名人や偉人の名言」を引用するだけで、信用度や説得力が増します。

理由は２点あります。

ひとつめは、「名言自体が持つ力」です。時代を経て伝わってきているものが多いことをみても、その言葉自体が強いフレーズである可能性が高いと言えるでしょう。

ふたつめは、人間が「権威」に弱いという事実です。

つまり、「有名人や偉人の名言」を引用することは、彼らの後ろ楯をもらうのと同じ効果があるのです。特に短い量でまとめなければならない、大学入試の小論文などには力を発揮します。

名言は、小説の一節や映画・ドラマ・漫画などのセリフからの引用にするバリエーションもあります。

[名言引用法] 構成

①冒頭で、有名人や偉人の名言を引用し解説
　　　⇓
②それに合わせた（もしくは反対の）エピソードを紹介
　　　⇓
③そこに合わせた（もしくは反対の）自分の意見を提示

名言はエトスの部分、エピソードはパトスの部分、自分の意見はロゴスの部分を担保します。

ではこの構成を使って就活のエントリーシートを書いていきましょう。

設定質問 座右の銘は？

志望業種 飲料メーカー／男子学生

「下足番を命じられたら日本一の下足番になってみろ。
そうしたら誰も君を下足番にしておかぬ」

阪急阪神東宝グループの創業者小林一三氏の言葉です。私はこの言葉を1年前に知り、座右の銘にする前に、バイトで確かめてみようと思いました。

アパレルチェーンでバイトした時、清掃にしても商品整理にしても、とにかく誰にも負けないように、工夫して努力したのです。
一番うまいと思う先輩のやり方を盗み、さらに自分なりに改良しました。すると、すぐにレジやフィッティングも任されるようになりました。

半年たった時、店長から「バイトリーダーになってほしい」と言っていただきました。バイトリーダーになった私は、他店に負けないように工夫と努力を重ねました。
先日、「就職活動のためバイトを辞める」という話を店長にしにいったら、「うちの会社で正社員になって働かないか？」と言ってもらったのです。

やっぱり小林一三氏の言葉は正しかった！
もちろん、それを座右の銘にしたことはいうまでもありません。（正社員の話は、御社で働きたいので丁重にお断りしました）

御社に入社しても、この座右の銘を忘れません。
どんな仕事に就いても、まずはその仕事で社内一になることを目指して工夫と努力を続けるつもりです。

6. 冒頭「ニュース・話題・出来事」法

　最近のニュースや話題には興味を持つ人が多いので、ブログやSNSなどでネタがない時には重宝します。

　ただ気をつけてほしいのは、ニュースや最近の話題・出来事を書くだけでは、読み手にとってはストレスがかかるだけだということです。

　必ず、書き手であるあなた自身の意見を付け加えてください。できれば、冒頭のニュース・話題・出来事から連想されるあなた自身のエピソードがあれば、あなたの意見に対する説得力がさらに増します。

[冒頭ニュース・話題・出来事法] 構成

①冒頭で、最近のニュース・話題・出来事を語る
　　　⇩
②それに合わせた（もしくは反対の）エピソードを紹介
　　　⇩
③そこに合わせた（もしくは反対の）自分の意見を提示

　ではこの構成を使って就活のエントリーシートを書いていきましょう。

冒頭ニュース・話題・出来事法

設定質問 最近興味があったニュースは？
志望業種 書店チェーン／女子学生

先日「大学生の一日の読書時間０分が４割超」というニュースがありました。記事には「学生が本も読まずに社会に出ていくなんて」という書店店主の言葉が載っていました。全体的に大学生に批判的な記事です。

しかし私は逆に驚きました。
「ということは、６割近くの大学生が一日のうち少しは読書をしているの？」
と思ったからです。
学校でも電車でも、本を読んでいる学生の姿なんて見かけることはほとんどありません。
実感としては、もっと読んでいないのでは、と思ったのです。
実際に私のまわりの友人に聞いてみても、一ヶ月に一冊も読まない人間がほとんどです。
私のように、月の書籍代に数万円使う学生は超少数派でしょう。「近頃の大学生は」と嘆くのは簡単ですが、時代の流れとして受け止めるしかありません。

これからの書店はこの「読書時間０分」の層にむけて、とにかく店に来てもらうような取り組みをする必要があるのではないでしょうか？
私は、一日の読書時間０分の学生たち50人に、どうすれば書店に行きたくなるかのアンケートを取りました。

なかなかおもしろいデータが集まりました。
そのデータを元に、「読書時間０分」層を来店させるアイデアをいくつか考えました。

面接の時にぜひ披露させていただければと思います。

7. ヘーゲルの弁証法

19世紀のドイツの哲学者ヘーゲルが提唱した「弁証法」は以下の通りです。

まず冒頭で自分の意見を述べます。

続いてその意見を否定する反論を述べます。

さらにその反論を論破し、最初の意見に対してさらに高い次元の自分の意見を展開するのです。

ヘーゲルは、それぞれの意見を以下のように呼びました。

最初の意見＝テーゼ
反論＝アンチテーゼ
より高い次元の意見＝ジンテーゼ

弁証法は、「自分の意見」を文章化したい時に役立ちます。

一度、自分の意見への反論も取り入れるので、より多くの読み手が納得しやすくなるからです。

[ヘーゲルの弁証法] 構成

①最初に一般的な自分の意見やよくある意見を述べる
　　　⇓
②それに対するよくある反論を述べる
　　　⇓
③反論を組み入れたより高い次元の意見（＝自分の本当に言いたいこと）を述べる

ではこの構成を使って就活のエントリーシートを書いていきましょう。

ヘーゲルの弁証法

設定質問 以下の問題に関する自分の意見を述べよ

志望業種 テレビ局／男子学生

「新入生の担任を受け持つ勤め先の高校の入学式を欠席し、息子の入学式に出席した県立高校の女性教師」の問題について、公を優先すべきか、私を優先すべきか意見を述べよ。

このニュースを最初に聞いた時、私は勤め先の学校の入学式を優先すべきだと思いました。
教師という職業についているからには、やはり「公」の立場が大切。特に公務員であればなおさらだと思ったのです。
自分が高校生の頃のことを考えたら、別に親に入学式に来てほしいとは思わないけど、やっぱり担任の先生がいきなり休みだと少しがっかりというか拍子抜けするかなと思ったのもありました。
実際に、テレビのコメンテーターや政治家などは、「私」を優先した教師を非難しました。

しかし、世の中の意見は教師に同情的でした。「公」の立場は代わりがきくが「私」の立場は代わりがきかない。かけがえのない子供の一生に一度のことだから、という主張です。それは公務員であっても同じだというのです。
また教師は、事前に校長に何度も相談し、根回しをした上で、有給休暇の申請もして受理されているのだから彼女に落ち度はなく、正当な権利だし、とやかく言う方がおかしいという意見も多かったようです。

確かに、「私」を優先する意見にもうなずけます。高校生だと別に親に来てほしくないと書きましたが、では、子供が幼稚園や小学校の入学式だった場合はどうでしょう？ 小さな子供の立場になれば、親が来ないのはかなり不安や淋しさを感じるのではないでしょうか？
その場合だとどちらを優先するのが正解でしょうか？

そもそも、一教師に「公」と「私」を対立させ選ばせるというのが問題だったのです。
教師の子供が入学年度になることは事前にわかっているはずです。あらかじめヒアリングしておいて、お互いの入学式の日程や時間をズラす。もしくは、日程がぶつかる年度は、新入生の担任にしないようにする。どうしてもバッティングする場合は、副担任がきっちりフォローする、といった調整をして、「公」と「私」を両立できるように工夫していくのが、これからの社会のあり方ではないでしょうか？

このような問題は教師だけの問題ではないでしょう。普通の会社員にも起こりえることです。
私が御社に入社させていただいた場合も、「公」と「私」どちらか一方を優先させるのではなく、きちんと両立するような方法を考えていくつもりです。

[著者]
川上徹也（かわかみ・てつや）
コピーライター／湘南ストーリーブランディング研究所代表
広告でのコピーライティングにとどまらず、「経営理念」「スローガン」「制度名」「プロジェクト名」などの「言葉」を変えることで、会社や団体の業績を伸ばすのが仕事。
大阪大学人間科学部卒業後、大手広告代理店を経て独立。サントリー、ENEOS、ロート製薬、トヨタ自動車、KDDI、コクヨなど50社近くの企業の広告制作に携わる。東京コピーライターズクラブ新人賞、フジサンケイグループ広告大賞制作者賞、広告電通賞、ACC賞など受賞歴は15回以上。並行して、舞台・ドラマ・ゲームソフトなどの脚本も手がける。2008年より作家としても活動。ロングセラーになっている『キャッチコピー力の基本』（日本実業出版社）ほか現在までに17冊の本を出版している。
このような仕事を通じて「文章の強い／弱い」がビジネスの成否を決めることを痛感。普通のビジネスパーソンに向けての「強い文章力の養成」に力を入れることを決意。宣伝会議クリエイティブライティング講座講師をはじめ、全国各地での講演や講座で「強い文章力」の重要性を説いている。
今後は、ビジネスにとどまらず、色々な分野の「言葉を変える」ことで「社会を変える」「世界を変える」ことを目指している。
信条は、「言葉が変われば世界が変わる」。

読むだけであなたの仕事が変わる
「強い文章力」養成講座
2014年6月12日　第1刷発行

著　者──川上徹也
発行所──ダイヤモンド社
　　　　　〒150-8409　東京都渋谷区神宮前6-12-17
　　　　　http://www.diamond.co.jp/
　　　　　電話／03・5778・7232（編集）　03・5778・7240（販売）
装丁────渡邊民人（TYPEFACE）
本文デザイン─森田祥子（TYPE FACE）
制作協力──schoo（スクー）（http://schoo.jp/）
制作進行──ダイヤモンド・グラフィック社
印刷────慶昌堂印刷
製本────本間製本
編集担当──田中裕子

©2014 Tetsuya Kawakami
ISBN978-4-478-02709-7
落丁・乱丁本はお手数ですが小社営業局宛にお送りください。送料小社負担にてお取替えいたします。但し、古書店で購入されたものについてはお取替えできません。
無断転載・複製を禁ず
Printed in Japan

◆ダイヤモンド社の本◆

伝え方は、料理のレシピのように、学ぶことができる

入社当時ダメダメ社員だった著者が、なぜヒット連発のコピーライターになれたのか。膨大な量の名作のコトバを研究し、「共通のルールがある」「感動的な言葉は、つくることができる」ことを確信。この本で学べば、あなたの言葉が一瞬で強くなり人生が変わる

伝え方が9割

佐々木 圭一[著]

●四六判並製●定価(本体1400円+税)

http://www.diamond.co.jp/

◆ダイヤモンド社の本◆

パラパラめくってサクサク書ける！
だから仕事がはかどる！

件名から署名まで完全網羅！　知っておきたいルールから日常の連絡事項、ちょっと言いにくいお願いまで、アタマを悩ませずそのまま使える豊富なバリエーションが自慢の一冊です。これが机にあれば、ビジネスで使うメールはOK！

知らないと恥をかくルールから、そのまま使える文例まで
ビジネスメール文章術

中川路亜紀［著］

●四六判並製●定価（本体1200円＋税）

http://www.diamond.co.jp/